說不盡的南懷瑾

查旭东◎著

人民东方出版传媒
東方出版社

作者与南师在太湖大学堂一号楼合影

宛在水中央的老太庙文化广场

出版说明

二〇一〇年的九月廿日，晚餐前，七都庙港的沈远林先生，陪着一位青年一样的客人，前来太湖大学堂拜访南师怀瑾先生。介绍之下，原来是新到任的七都书记查旭东先生。

晚餐桌上，查书记对南师说民风，谈见闻，说理想，谈工作，流露出的是热诚又理性，令人印象深刻。南师则频频点头称许。

查书记一行离去后，南师说，这是一个正直而且有见解的人，不落俗套。地方有这样的官员，我们有福了，这也是国家之福。

在南师生前走后的六七年中，查书记亲历了一切，他的正派守法又通情的处理和作为，在他所写的这本书中，随处可见。书中除了忠实描述与南师交往的种种一切外，更显露了对南师的深深情感，书中言辞行文更真切自然，引人入胜。

这是一本另外角度谈南师的书，读者有福了。

刘雨虹　记

二〇一六年十二月　耶诞夜

目录

目录

目录

目录

目录

前言　南师与七都

七都（庙港），太湖之滨的一个江南小镇，古称“儒林里”。这里溇港纵横，湖泊众多，风光秀丽，物产丰饶；这里是全国的光电缆基地，在区域及行业内小有名气。但真正让外界记住此地的，是一位世纪老人：中华优秀传统文化的传播者、文化大师南怀瑾先生。他人生最后的六年定居于此，他创办太湖大学堂，结庐授课、湖畔讲学，成就了一段人文佳话。

七都是幸运的，能吸引到这样的文化大家；七都的百姓是幸福的，可以与大师比邻而居。七都也因南师而改变了气质，转变着民风。而我，作为七都的一名地方官员，无疑是其中一个幸福的代表，因为工作之便，我得以与南师近距离交往数载，蒙受他老人家的关怀和教导，受益匪浅。

南师离开我们三年多了，时间真是个可怕的东西，会让一些宝贵的记忆变得支离，或受主观情感的影响而日渐模糊。

我突然意识到，是时候写下点什么了，为了对南师的怀念，为了继续无师依怙的人生旅程，也为了给后来者留存一份耳濡目染的曾经。

南师一生辗转多地，书剑飘零，受教者无数，堪称传奇。有人说他是当代孔子，有人说他堪为帝师，他的道德文章，时间和历史自有公论。而南师的《狂言十二辞》，或可看作是他给自己的一个总结：

以亦仙亦佛之才，处半人半鬼之世。
治不古不今之学，当谈玄实用之间。
具侠义宿儒之行，入无赖学者之林。
挟王霸纵横之术，居乞士隐沦之位。
誉之则尊如菩萨，毁之则贬为蟊贼。
书空咄咄悲人我，弭劫无方唤奈何。

我才疏学浅，无意也无资格评点南师的学问道德，但作为一段历史的亲历者和见证人，感念南师的人生终站与七都结缘，无论在个人感情，还是从历史责任的角度，都不能再偷懒、缄默下去。如实地描述这段与南师交集的岁月，记录南师晚年的言行教化，或可有助于大家换个角度，去了解一个真实生活中的南师，一个平凡而又不凡的南师。

知易行难。愿望有了，满脑子萦绕的记忆片段历历在目，却无从下笔。左思右想，首要的是尽可能还原记忆，记录客观事实，若表述不当，误人害己，罪莫大焉。反正不管何日写成，至少先要把资料积累好。

为表达对南师的恭敬，我特地拿出珍藏的 2012 年南师题名相赠的“悦心”笔记本，用来记录所有与南师相关的点点滴滴，这也可以说是一本“大事记”。我想，与其空白收藏，不如物尽其用，南师天上有知，也会同意我这样做的。

文字非我专长，但我可以保证的是：这里所记述的，都是我亲身所见所闻，也力争以平实的言语笔触来表述。因我对南师的恭敬之心，始终如一！

2015 年 10 月下旬的一个晚上，我和往常一样，来到太湖边的净名兰若，看望刘雨虹老师，并报告“南师逝世三周年纪念活动”的一些安排。

南师走后，尽量多抽时间去看望、请益刘雨虹老师，已经成了我工作之余的一个习惯。席间，刘老师突然发话：“你和马宏达（按：南师生前最后一任秘书）等人也应该写点东西了，就写你们所认识的南老师。”我虽然已有此想法，但还觉得资料积累不够，加之公务繁杂和自己的惰性，就有些拖拉。冷不丁被刘老师的话一激，心想：或许刘老师正是看透了我的心思，怕我偷懒。而她又看到网络、书摊上各种版本，关于南师的文章、书籍真假莫辨、以讹传讹的东西太多，确实需要长期亲近南师的人留下些真实客观的文字、声音，澄清误传，以正视听。

刘老师以 95 岁的高龄，仍笔耕不辍，并以微博、笔记等形式，继续整理南师书稿，让我们这些后生晚辈汗颜。我想，压力可以转化为动力，这大概就是刘老师对我的棒喝吧。

这些题外话，是我真实的心路历程，先向大家交代清楚。

查旭东

2015 年 10 月 30 日

魂归太湖

时间定格在2012年9月29日（农历壬辰年八月十四日）16时26分，一代鸿儒、国学巨擘——南怀瑾先生，在他自己创办的太湖大学堂一号楼的居所辞世，享年95岁。噩耗传开，无数人悲恸。

悼念词文

当晚18时30分左右，时任中国国务院总理的温家宝先生发来唁电：

惊悉怀瑾先生仙逝，深表哀悼。先生一生为弘扬中

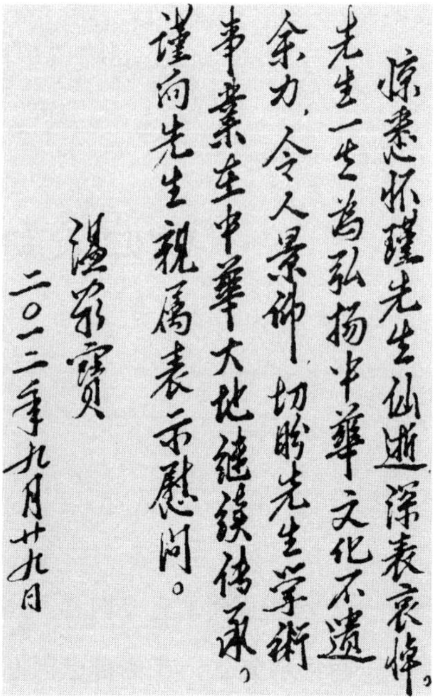
惊悉怀瑾先生仙逝，深表哀悼。
先生一生为弘扬中華文化不遗
余力，令人景仰，切盼先生学術
事業在中華大地继续传承。
谨向先生親属表示慰问。
温家寶
二〇一二年九月廿九日

温家宝先生所书唁电

华文化不遗余力，令人景仰，切盼先生学术事业在中华大地继续传承。谨向先生亲属表示慰问。

——温家宝　二〇一二年九月廿九日

这可能是南师身后，中国官方给予的最早、也是最高的评价。

2012 年 9 月 30 日（农历壬辰年中秋夜），南师遗体的荼毗仪式在太湖大学堂举行，由成都文殊院方丈宗性法师举火。10 月 5 日，南师亲属、学生代表，共同拾取南师灵骨舍利。值得一提的是，在这些珍贵的舍利中，南师留下了完整的头骨舍利、洁白的舌根舍利。按佛家之言，这说明南师生前所弘扬的是正法。

大师仙去，魂归太湖，正应了雪窦禅师的那两句诗：

太湖三万六千顷　月在波心说向谁

而我，作为南师辞世地的一个地方官员，在悲痛中，在做好分内的协调、沟通和服务工作的同时，必须接受这样一个残酷的事实：南师已经永远地离开了我们！

9月30日的午后，荼毗仪式前，我回到办公室写下两副挽联，以寄托对南师深切的悼念和缅怀，分别以七都镇党委、政府和个人名义送去太湖大学堂。

悼念南怀瑾先生：

才比仲尼德功昭日月

心似佛祖光华耀千秋

——中共七都镇党委、七都镇人民政府敬挽

忆南师：

弘佛法　兴国学　太老师言传身教

悲天下　悯世人　南仙翁身体力行

——后学　查旭东泣拜　壬辰年秋

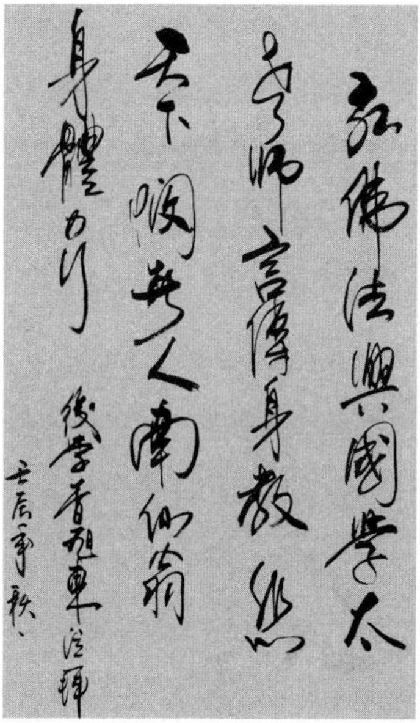

作者所书挽联

这可能是离太湖大学堂最近、最基层的官方组织和官员，心目中对南师所留印象的写照。

2012 年 10 月 19 日，太湖大学堂七号楼，吴江市委、市政府组织举行吴江各界“南怀瑾先生追思会”上，我压抑着悲痛，表达了自己对南师深深的不舍和追思（见附录一）。

永远的缺憾

随着南师离去，一个永久的缺憾刻上心头，成为无法磨灭的印记。时至今日，我依旧不能原谅自己！那就是：我没能在2012年的9月14日，与南师见最后一面。

记得那天中午时分，突然接到太湖大学堂传来的消息，希望地方政府帮助协调当地医院，调派一辆医用救护车，送南师去上海的医院做一次身体检查。虽然电话中只说南师偶染风寒，并无大碍，但这样的情况却是第一次发生，我本该有所警觉……彼时，我正在单位接待几位上访的群众，无法抽身，就将此事交办给了单位同事，自己未及赶去大学堂看望、送行。

此后数日，南师在上海就医，我也因工作牵绊迟迟未能去看望他老人家。又想着南师应该不日即可回来，去大学堂看望慰问更好些，想他平时太忙太累了，或许正想趁着这段时间在医院里躲个清净，还是不要打扰的好。期间，虽然一直保持着与马宏达先生的电话、信息联系，万没料到，待19日南师返回太湖大学堂时已在定中，就更不能打扰了……谁知这样一个疏忽转念，竟成了我此生无法弥补的缺憾。

三梦南师

“日有所思，夜有所梦。”南师离世后，我曾经三次梦到南师，他老人家一如往常，亲切温暖慈祥。

梦境一：太湖大学堂某处空地。雪后，月夜，大地银装素裹，周围静穆肃然。南师一袭白色中式练功服，正在雪地中打一套长拳，时而伏地，时而腾挪，体态轻盈，身手矫健。画面停留在南师腾空旋踢的一刹那。

梦境二：某处室内会客区。我在外间等候见南师，忽闻隔壁传来南师熟悉爽朗的声音。我循声望去，不见南师踪影，遂失落回座。再一回头，却见南师端坐在旁，侧脸看着我，微笑不语。

梦境三：浙江某火车站站台。南师与一众学生，从一列老式的绿皮火车上下来，在站台拱手作别。南师说："有谁愿意陪我在这里多住一个晚上？"站在旁边的我欣然表态："算我一个。"

……

午夜梦醒，泪湿衣襟。多希望南师的离去，只是一场梦境。

最后一份报告

南师精神和学问的境界，令我高山仰止，但这并不妨碍我与他进行有效的交流。我把发生在身边的、工作中遇到的一些鲜活事例告诉他，以南师的智慧，他定能一斑窥全豹，从细小琐碎的细节里，了解到当前社会不同人物的生活和心态。而这或许正是我与南师交往的一大特色。

我曾经以玩笑的口吻对他说："我和您说的都是真话、大实话，平时您听不到的。”

南师略带诧异地问：“这话怎么讲？”

我笑道：“因为我的身份特殊呀。首先您不是我的领导、上级；其次，以我这个层级的基层地方官，平素是没有机会和您这样的大家说上话的，我却正好有这份荣幸。其他有机会接触您的官员，大多离基层较远，虽然不想骗您，但可能他们所掌握的资料，本身就已经是被别人加工过了的，不能保证原汁原味，又怎么能保证它的真实可靠。”

南师哈哈笑道：“你这家伙真鬼，不过似乎有点道理。”这也正是南师的一个过人之处，总能与不同的人群建立起有效的对话管道。

2012年7月中旬的一个黄昏，我从南京参加完江苏省委党校为期两个月的乡镇书记培训班，迫不急待地来到大学堂，向南师汇报自己此次学习的心得体会和逸闻趣事，同时，也想向南师当面表达谢意。

说来惭愧，做了南师两年多的“免费旁听生”，却没有认真交过一份书面报告。终于挨了南师的批评：“你不能光坐在这里听我讲，也要发表一些自己的看法、想法，报告一下自己的学习情况。”

这是南师希望我学有长进，但我心里没底，觉得自己根基不深、学养不够，写不出什么东西。就借口说身在基层一线，杂务缠身，无法静心写作……其实，还是自己偷懒的心理在作怪。经不住南师的反复催促和学长们的敲打提醒，我终于在培训出发前向南师打了包票：“这次脱产培训有两个月时间，我一定交一篇作业出来向大家汇报。”

6月上旬，我在党校学习期间，写了《读〈创业的国度〉所想到的》（见附录二）一文，算是一稿两用交了“差”。考虑到南师的阅读习惯，特意转换成繁体字，发给了马宏达先生，请他代为转呈。只过了几天，就收到马先生的回复：“你的文章，老师在课前已组织大家通读了，老师给予了肯定评价。”我知道，南师的肯定，是对我终于动笔的鼓励，南师也经常鼓励我把自己在基层工作的实践和思考写下来。

这次见面，照例是在热闹的太湖大学堂六号楼餐厅——南师口中的“人民公社”食堂。像往常一样，南师把我拉到他的座位旁边，听我介绍新近发生的乡野趣事和学习期间的见闻。南师再一次肯定了我的这篇作业，还关切地询问党校里、同学间有什么反响。末了，我向他介绍，在党校的内部书店里，也可以看到他新近出版的书。他笑着点点头。当我起身告别时，他特地把我送到餐厅的门口，嘱咐我要常来，我欣然应承。岂料这一次，竟成了我和南师之间的最后一面，这篇文字，也就成了给南师看过的最后一份学习报告。

文化太庙

在大部分“南友”、“南粉”、“南迷”们心中，南师晚年创办和定居的太湖大学堂，和南师一样，也是个神秘的所在。

这个坐落于太湖之滨占地282亩由东向西横向排开的建筑群落，从GOOGLE地图上俯瞰，布局独特，清晰可辨。最醒目的中心草地上，一个巨大的八卦图安然铺展，这是大学堂内太湖国际实验学校的学生们户外活动的场所。按南师要求，这里没有铺装塑胶跑道之类的现代化运动设施，在接近自然原生的景观地貌里，错落着一些由原木麻绳等组装而成的游戏装置。

南师的决定

时隔45年之后的1994年，南师再次踏上祖国大陆的土地，是应妙湛长老之邀，在厦门南普陀寺主持著名的“南禅七日——生命科学与禅修实践研究”，这相当于宣告了他重回大陆的决定。离开香港，选择定居大陆何处，成了各方关注的焦点。对于某些常随弟子的极力反对，南师毫不动摇。

早在 1998 年，南师寓居上海期间，就曾亲临太湖七都的庙港小镇，现场踏勘，并最终确定在此落脚。南师曾说，好多人不理解他的这个选择，认为此地又小又落后，交通和生活配套都有诸多不便。唯南师决定已下，旁人便也劝阻不了了。

在南师实地考察时，当时的吴江、庙港地方政府，特别是汝留根、史建荣等一众地方官员，都表达了欢迎南师前来发展文化教育事业的真诚愿望，并以非常优惠的条件和价格，将太湖南岸 300 亩土地的使用权提供给南师办学授业。由于该土地属性为农科综合用地，故南师先在地块上注册了东西精华农科（苏州）有限公司，亲任法人代表、董事长。在土地及房屋建设资金上，台商尹衍樑先生作了很大贡献。

2000 年，满是杂草、芦苇的滩涂地开始动工了。土地建筑的统筹、规划、设计、督造等等，都是南师亲自过问并拍板决定，无一处不蕴含投射着南师无价的智慧和心力。六年辛苦终有成，主体建筑群于 2006 年正式投入使用。

南师做事的风格，严谨、规范、有序。建筑落成后不久，即在原地注册成立由南师个人独资的“吴江太湖文化事业有限公司”，以此公司为母体，又先后设立了两个下属分支机构“吴江太湖大学堂教育培训中心”和“吴江太湖国际实验学校”，分别开展对成人和孩子的教育实践，南师是法人代表也是负责人。从此，“太湖大学堂”正式挂牌，南师也正式入住定居，开始了他人生最后六年的传道、授业、解惑。

南师以耄耋高龄，践履着数十年从未改变的重续文化断层的愿力，自始至终主导着这一事业，毫不懈怠，身体力行。南师一手缔造了这一切，却谦称自己是“挂单”的。所谓“挂单”，是出家人的俗语，暂住借居之意。在南师看来，国家民族乃至人类的文化和教育大业，是天下为公、公天下的，非为个人稻粱谋。

南师与汝留根

前面提到，很多人不明白南师为何会选择七都庙港，众说纷纭的猜测里，不乏有趣的戏说。

1999年前后，时任中共吴江市委书记的汝留根先生，是将南师作为招商引资（智）的对象，吸引来吴江落户的第一人。汝书记在南师学生的引荐下，拜访了寓居香港的南师。南师接过递来的名片，抬头笑道：“汝—留—根，看来你是要留我到你那儿去呀。”

大伙在说笑时，会讲这个故事。倒是另有一理，被更多的人认同，那是在大学堂的餐桌上，南师自己谈起的。一次，朱永新先生（按：中国民主促进会中央副主席、时任苏州市副市长）拜访南师时，提出疑问。南师笑着回答说：

“我住的地方叫庙港，太湖边的庙港，不就是‘太庙’吗？这个地方，历史上佛教儒学兴盛，是一个文化中心，苏州府、湖州府、嘉兴府每年庙会时节都是要向当地进贡祭品的。可以说这里是‘中国文化的太庙’，是有文化渊源的地方。”

这番话，却又引出了另一则南师与“太庙”有关的故事，使“文化太庙”的传奇从太湖南岸的这个小镇，流转蔓延开去。

老太庙和 18 亩地

2010 年我由吴江市交通局长调任七都镇党委书记，到任后不久的 8 月下旬的某天，我前去大学堂拜望。南师给我讲了他所知道的七都庙港的历史和典故，建议我多看看本地的镇志、地方志，了解挖掘历史，不要辜负了这片土地。

南师也谈到了历史上大庙港一带河港众多、寺庙兴盛，史称“三十六溇、七十二港”，寺庙庵亭鳞次栉比。其中最具代表性的，当数尚有遗存的“老太庙”旧址，它是沿太湖南岸的渔民为了纪念邱老太爷一家三代造福一方的善举而于元代初建的，后曾毁于战火。一开始我并未在意，只当这是南师给我普及本地的一些人文知识，使我能够尽快地融入。但后来听南师讲得多了，也就不敢再轻听小看。

后面的故事，得先从“18 亩地”说起。

南师选址确定后，与当时的庙港镇政府签订了供地协议，以东西精华农科（苏州）有限公司的名义，取得太湖边 300 亩滩涂地的使用权，并付清了全部土地款。后因政府在相邻的地块上建设吴江第一水厂，占用了其中的 18 亩土地，却无合适的地块可以补偿，此事就被搁置下来。历经七都与庙港两镇合并，地方政府官员数任交替仍未解决，变成了一桩“悬案”。我这个新官上任，南师自然也少不得提醒几句：“政府要讲诚信啊，怎么可以言而无信呢。”我虽在上级领导和相关部门的支持下，提出过若干解决方案，却始终没能让南师满意。

我捉摸不透南师的本意，已有的 282 亩土地还有不少空间可以发展，南师却念念不忘这 18 亩，只是为了提醒政府要守信、作为吗？我思来想去，把南师对老太庙一事的反复开示联系起来，突然灵光一现，难道……

2011 年 9 月的一天，南师又提及老太庙的时候，我向他表态说：“南老师，我们准备重建老太庙了。地址选在太湖大学堂的南面，就在老庙原址边上。”南师闻言非常开心，连说“好，好，好”。随即在六号楼的餐桌旁，伸手招呼其他几位大学堂的同仁聚拢来，说道：“你们几个过来，马上现场办公，我有事要宣布。”

等一帮同学坐定，南师很正式地说：“查书记刚才告诉我，七都政府决定要重建老太庙，我这里宣布几个事：一个是政府欠的 18 亩土地，我们不要了，以后谁也不许再提了；再一个，登大师（按：登琨艳，台湾著名建筑设计师）要帮助做好老太庙的义务设计工作。”说到这，南师扭过头对我说：“你看，还需要我做什么？”

意外的惊人之举

我知道南师做事素来雷厉风行，可眼前这一幕，完全没料到，足见此事在南师心中由来已久，不过是在等我表态罢了。我想了一下，便“得寸进尺”地说：“老师，这18亩土地，能不能不说是‘不要了’，而是说捐给老太庙了，否则我会有压力的，别人会以为是我得罪了您，惹您生气了。”

南师笑笑拍拍我的肩膀：“对，就是这个意思。”又说，“你看，我们地也捐了，还需要做点功德吗？”

我说：“当然要的，钱不在多少，南老师和大学堂的各位学长一定要带个头的。”

南师爽快答应，当即表态他个人捐款100万元，并告诉在座的各位：“你们每个人都有份，不论多少，都要给老太庙做功德。”

就这样，老太庙的第一份功德，是南师捐出的18亩土地使用权和100万元，随后，吕松涛、刘梅英夫妇捐款91万元，李慈雄、萧明瑾夫妇捐款90万元，刘雁平、李想母子捐款50万

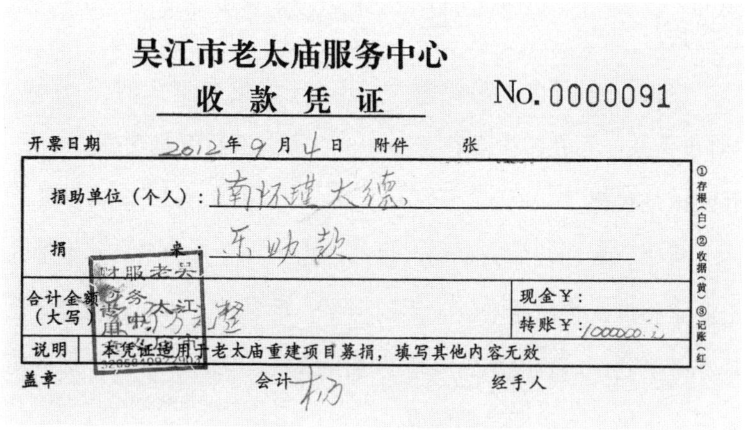

吴江市老太庙服务中心

收款凭证　No. 0000091

开票日期　2012年9月4日　附件　张

捐助单位（个人）：	南怀瑾大德
捐　来：	乐助款
合计金额（大写）	壹佰万元整
现金¥：	
转账¥：	1000000.00
说明	本凭证适用于老太庙重建项目募捐，填写其他内容无效

盖章　会计　杨　经手人

①存根（白）②收据（黄）③记账（红）

兹收到

南懷瑾先生大德

樂助土地拾捌畝

人民幣壹佰萬元

吴江市老太庙服務中心

壬辰年　西元二〇一二年九月四日

南师的捐赠

元，其他同仁学长各捐数千、数万不等，一下子筹措了 350 多万元善款。

这时，南师也不忘提醒我一句："你也要带头的。"还说，"对于善款，不在多少而在有心，一百万、五百万是功德，一元、五元也是功德。"

后来，我和我的同事们，也都捐出了一个月的工资。本地的企业家和群众也纷纷响应，不到半年，重建老太庙的启动资金已基本筹措到位。真没想到事情的进展会如此顺利，18 亩土地的历史悬案也终于有了圆满的结局。

更令我意外的是，没过几日，南师便托人给我捎来了他亲笔题写的"老太庙"和"吴泰伯"，说是提前为老太庙的匾额准备的。同时还捎给镇统战委员沈远林一封信，是南师详细讲解"老太庙"、"吴泰伯"的含义和理由。一笔一字，都凝聚了南师对老太庙的重视和用心。

老太庙文化广场

登先生的建筑设计方案也很快出来了，2012 年 3 月 19 日，登先生带着专门制作的建筑设计模型，我们一起去向南师做了汇报，一个外圆内方、粉墙黛瓦苏式风格的江南庙院呼之欲出。巧妙的是，庙院主建筑正好夹在两河（本地称为"港"）之间，港

南师题字“老太庙”

南师题字“吴泰伯”

沈遠林老弟：

我有幾句話吩咐你，作爲備忘錄。

你們七都鎮的同仁民們，想發起修「老太廟」，我眼睛視力雖然不行，趁現在勉強還可以，就趕快留下幾個字給你們備用。將來你們用不用我不管，但你們要求的，我都做到了，就了事了！

我寫的老太廟、吳泰伯，一個是泰山的「泰」，一個是太太的「太」。照舊習慣老太廟，用「泰」字。但是我告訴你，報呈或將來最好還是用老「太」廟，因爲用這個「太」，有多方面靈活的作用。老太廟也可說是吳國開國之君的吳泰伯，也可以說是邱老太，也可以說是國家文化的太廟、吳國文化的太廟，多方面都可以解釋，就比較圓滑多了。換句話說，包含多神，怎麼解釋都可以，意義圓融，對於老百姓，或上面認爲有知識的大老倌們，都可以用自由意志的解釋。

我老了，怕你們年輕不了解，所以吩咐給你們聽，至於你們怎麼用，就要聰明伶俐了。

二零一一年九月十四日　　　　九四老頑童　南懷瑾 口述

秘書室代筆

太湖大學堂
秘書室
Secretariat
Taihu Great Learning Center

中有庙，庙中有港，正呼应了“庙港”的地名。更加巧合的是，地形图打印出来，请设计单位一测量，庙基、庙前广场和配属的四合院加在一起，面积正好是 18 亩。

南师看到设计模型，首先肯定了整体布局和建筑风格，又仔细询问内部功能布设，提出了改进意见，还强调要体现儒释道三家合一的精髓，不仅满足民众的信仰需求，更要使之成为教化民众、寓教于乐的文化场所，与弘扬本地的吴越文化、太湖文化相结合。当我汇报说，准备将整个建筑群冠名为“老太庙文化广场”时，南师说：“这个名称好。”

从确定重建老太庙到正式开工建设，在半年左右的时间里，有大量的前期准备工作，诸如现场踏勘、施工设计、申报手续等等，一切按部就班地进行着，而我却被一件事困扰：对于这样一件南师如此重视，又对当地百姓意义深远的善事，应该请什么样的人来做培土奠基的嘉宾呢？这是一个政府主导的文化项目，请出家人不太合适；但广场里的主要建筑是寺庙，请政府官员也不合适；南师高龄，更不好意思请他老人家出马。

联系起南师一贯的教化主旨，我终于想到了一个主题：南师接续传承的是中华优秀传统文化，我们作为地方政府，应该首先从实践者的角度去落实。在现代社会形势下，倡导孝贤文化，评选一批本地的孝子贤媳，结合表彰，邀请他们为老太庙开工奠基，既实在又有意义。带着这个设想，我向南师请教妥当与否。南师当即大赞此举的意义深远，不亚于重建老太庙本身。

登琨艳先生向南师汇报
老太庙设计方案

七都孝贤

首届“七都孝贤”经过层层推选、考察、评比产生了，新闻媒体的文字报道和影像转播，将他们的感人事迹推送到了千家万户。2012 年 9 月 4 日，老太庙奠基开工仪式，南师派出自己的学生马宏达先生代表他亲至现场，致辞祝贺（见附录三）。八名“七都孝贤”共同为老太庙开工培土。

2013 年和 2014 年的 9 月，结合老太庙文化广场的二期、三期开工，我们连续评选了第二届、第三届的“七都孝贤”各八名，这是现代七都特有的“新二十四孝”。除了媒体的宣传，我们还把这些孝贤人物的事迹，编入了“太湖国学讲坛”书系的

首届“七都孝贤”为老太庙文化广场培土奠基

《明月依旧》和《孝行天下》之中。与之相应，我们将“孝为先”定为第二届“太湖国学讲坛”的主题，这与其他讲坛不同，具有自己的特色和亮点——传承文化，知行合一，落在实处。评选孝贤人物的做法也得到了中宣部副部长、时任中央文明办主任王世明先生的肯定和赞许。

2015 年 9 月 29 日，南师辞世三周年之际，老太庙文化广场正式落成。斯人已去，但这个清雅朴素、沉潜大气的文化广场，作为南师生前关注的最后一个文化项目，稳稳地伫立于太湖南岸，福泽一方，荫庇后世。

不老的“老顽童”

南师是1918年生人，而我生于1970年，年纪相差了半个世纪，他的孙辈可能还比我年长些，说我们是“忘年之交”一点也不过分。南师晚年，喜以“顽童”自称，多见于他签名题字的落款上。在与南师亲近的时光里，我常常被他“老顽童”的真性情所感染，没有压力和负担，只有莫名的亲切感，在活泼轻松的交流中，被南师潜移默化地影响着。

记忆力超凡

我初见南师，是2004年秋，太湖大学堂尚在建设，南师借七都的一个酒店举办了“中国传统文化与认知科学、生命科学、行为科学”专题研讨会。那时的我，是一名随行的机关干部，对南师的认识也仅限于他的名字。此后虽又见过几次，但作为陪同人员，从未与南师单独交流过。

2010 年 8 月，是我新调任七都后的第一次拜望。走近一号楼，见南师已经站在大门口等着了，我受宠若惊。后来得知，南师不轻易在一号楼会客，我得此礼遇，实在是南师出于对这“一方土地”和地方“父母官”的尊重。

宾主入座，南师习惯性地掏出香烟，递给我一支。出于礼貌，我推让了。南师却说：“我们是老朋友了，不用客气。你上次来不是抽烟的吗？”听闻此言，我吃了一惊。如果说我的身份背景，南师事先做了了解那是情理之中，但记得我抽烟这个小细

作者与南师在太湖大学堂一号楼合影

节，却真真意料之外。况且上次见南师在三年前，我是末座的一位随从，当时觉得好玩，才接了南师递来的香烟抽过。事隔那么久，南师却记得。

我珍藏在案头的照片，就是那天拍的。按大学堂同仁所说，与南师单独坐着留影的已不太多见，还各自夹着香烟，就更显特别。此后与南师见面的次数越来越多，单独合影却再不曾有过。正是这张独一无二的合照，成了我对南师念想的一个寄托。

羞愧呀羞愧

说起南师超凡的记忆力，有一件事令我惭愧不已。

2012 年 5 月 4 日晚，我陪同苏州市级机关某位领导去拜访南师，照例地吃饭聊天、赠书合影。当南师在一套《列子臆说》上题名时，我也提出要求，希望沾光：“南老师，见者有份，我也要一套。”南师答应了，却在低头签字的同时，淡淡地说道：

“我知道，你们有些人啊，拿了我的书去当摆设、撑门面，却从来也不看。”

南师声音不高，却明显带着批评的意味，似有所指。我当下无话，待回家站在书柜前，一套《列子臆说》跳入眼帘，打开扉页，蓦见南师的签名，落款时间是 2011 年秋。是的，这书我从来没看过！我呆坐在书桌前，羞愧万分，也又一次被南师超凡的记忆力折服。从此以后，我便认真地研读南师的书了。

当然，最凸显南师惊人记忆力的，是他在讲课或闲谈时表现出来的广博不可测的见闻学识。这也是得益于他从小在家塾里阅读和背诵的“童子功”吧，按南师的话说，“你们的书都摆在书架上了，而我的全印在脑子里”，“12岁以前是记忆的最佳年龄，我的大部分传统经典文字的记忆，是在这个年龄段完成的”。

情人节的礼物

2012年2月14日，是西历“情人节”。我下班后不自觉地来到了太湖大学堂，南师“人民公社”的饭桌边照例人头攒动，热闹不已。我对南师打趣道：

“南老师，今天是西方的‘情人节’，这么多人来陪您过节，您要送点礼物的。”

南师哈哈一笑，并不接话。其实在座的都知道，南师不大在意这些西式节日。

饭毕，南师继续他的《成唯识论》研究和讲解。等讲课结束，也差不多晚上9点了，食堂照例准备了点心瓜果给大家当宵夜，这一天端上来的是锅巴，香气扑鼻。当我向南师告别时，他让我稍等，说有东西送我。不一会，厨房的工作人员用食品袋装了一份锅巴递到我面前，南师拍拍我的肩膀说：

“谢谢你今天来看我，这个就当是我这个‘老情人’送你的礼物了。”

一句玩笑话，讨来了南师的一份特殊礼物，带回去与家人一道分享，唇齿留香，心里更是温暖。

过了几日，翻看南师赠的台湾繁体字版《南怀瑾讲演录》，发现扉页题字的落款日期是 2007 年 2 月 14 日，彼时我还未到七都工作。所谓无巧不成书，所谓缘分天注定，大概就是这个意思吧。

从“父母官”到“小老弟”

从南师选定七都庙港，到他辞世的 12 个年头，地方上也经历了乡镇合并、撤市设区等行政调整，与南师有交集的地方官员不少。但陪伴南师走完人生最后一程的我，是最幸运的，用南普陀寺方丈则悟法师的话说，是“福报很大”。

刚开始，南师常以“父母官”来调侃我，用“齐家、治国”的修养观念，来说明当地方官和管理一个地区的不易。我也会把日常工作的困惑，或者颇为自得的作为，告诉南师。他不厌其烦，常常是片言只语，就让我如醍醐灌顶、茅塞顿开，有一语惊醒梦中人的奇效。

南师挺愿意听我这个小小的“父母官”，讲讲政府或乡野的琐事，讲讲基层一线所遇到的种种，我知道他是为了更全面地了解这个时代的人事，了解正在剧变的社会人心。我也乐意在南师面前当个被解剖五脏的“麻雀”。

随着熟悉程度的加深，我们彼此的称呼也在改变，他对我从开始时的“父母官”、“查书记”，慢慢变为直呼“查旭东”，继而变成了“小老弟”。我对南师，则从开始时的“南先生”、“南老师”，到后来可以直呼“老师”了。有时我去了，就直接告诉南师，我是来蹭饭的，或是来躲避外面饭局应酬的。南师也不当我是外人，还亲切地告诉大学堂的工作人员，以后我不用通报，是一家人，享受“家人”待遇。

南师知道我公务繁杂、工作疲累，尤其是应酬多、喝酒多，就特别关心我的身体，看到我脸色不好、眼睛充血、舌苔发暗，会关切地询问，让人拿来他自备的中药帮助调理，一再嘱咐我要注意饮食冷热。点点滴滴，都是暖流。

南师对我这个“小老弟”的关爱，还可以从一件小事上体现出来。那是 2011 年 11 月 14 日，我正出差赶往外地，途中收到南师嘱咐宏达兄发来的短信，我保存至今：

> 老师担心你，因为你性急，求好心切，又应酬多酒，会伤肝，长期下去会妨碍健康。另外，聪明外露也会妨碍你，要收敛一点更有益。要学会装笨，以免遭人忌。还要练习沉稳宁静。你长处很多，琢磨后更了不起。

南师讲笑话

大学堂的饭堂就是南师的课堂，除了少数大课在大教室举行，南师日常的讲授就放在了饭后的餐桌边。

当然，南师和大学堂的同仁们白天也都没闲着，一号楼是南师的起居和办公场所。给我印象最深的，是南师与常随学生们共处一间大办公室，南师坐在东南角，办公桌也一样大小。或整理前一天的讲课内容，或为下一堂做准备，或接待来访，或回复信函……各自工作，有条不紊。看似平淡轻松，若不知情，很难体会其中的分量和繁杂。

我多数是在餐厅里听南师讲课，寒来暑往，流动的是访客和听众，不变的是南师的传道和解惑。通常，正式课前先由部分同学汇报学习心得，南师点评指导，或严肃状，或如春风。学习沉闷时，他会让同学们讲讲自己经历的笑话乐事，活动了脑筋，也调节了气氛。

南师也会讲好玩的故事给大家听。抗战时期，他在四川成都出入茶楼，对当地的饮食文化、方言土语印象深刻，用四川方言讲笑话，别有一番趣味。“偷酒喝的故事”就是他从茶楼听来的。

这故事说的是，一天，老和尚下山办事，临行特别交代三个徒弟，自己一坛珍藏多年的好酒要看好了，小心被人偷喝。等晚上老和尚办完事回到寺庙，发现一坛美酒点滴不剩，全被喝光了。老和尚很生气，把三个徒弟找来问，发现这三位满身酒气，却并不慌张。见师父发问，三人依次作答。大师兄说："阿弥陀佛（我没偷喝）。"二师兄说："我佛慈悲（我喝十杯）。"小和尚则说："罪过罪过（醉过醉过）。"

听南师用带着浙江口音的四川方言，把三个小和尚的话讲出来的时候，大家哈哈大笑。

南师常讲的人进入老年的五个标志，我也是印象深刻。

他说，当一个人具备以下五个特征中的一个或多个时，说明他已经进入了老年状态，归纳起来就是五句话："躺下睡不着，坐着就睡了"；"当下记不住，少小全记得"；"好话听不到，坏话全听见"；"开心流眼泪，伤心反无泪"；"男女事，有想法没办法"。

笑乐之余，回头细想真是如此，这比单纯的用年龄来划分，更为科学合理。我们认为司空见惯或熟视无睹的现象，南师会指出关键，讲出缘由，让大家在轻松一笑中，开阔眼界，增长见识。所谓道不远人，嬉笑怒骂皆学问，南师的教化方式就是这么生动活泼，一点也不呆板拘泥。

跌倒的学问

有一次，他讲到一个现象：成年人在清醒时跌倒，会下意识用手去支撑，很容易受伤。小孩子或是酒醉的人跌倒，反倒没事，因为他不依赖大脑的思维或预判。直觉本能的顺势反应，却是最安全科学的。

电视里常见这样的新闻：某某小区住户的门窗未关好，小孩顽皮爬上窗台或阳台，不慎坠落，只是轻微擦伤，并无大碍。这里面，固然有小孩骨骼处在发育阶段，柔韧性较好的缘故，但确实与意识分辨和判断有关。这一点，受过武术训练的人都有经验：摔倒时不能慌乱硬撑，要放松顺势滚动，才能避免骨骼受伤。南师自幼习武，自然懂得其中窍门，但南师借此讲解身心意识的作用关系和内在道理，就通俗易懂了。不受学识固囿，不被学问约束，出入自在，这也是南师的“顽童”情怀吧。

写着写着，突然想起他自我打趣的“调皮”幽默来。有位访客提出想合影，南师恰好没有戴假牙，于是自嘲说：只好当一回无“齿”之徒了。逗得大家会心一笑。

这就是我认识的南师：一个生动有趣的老人，一个可亲可近的长者。

南师去世后，我看了刘雨虹老师编的《云深不知处——南怀瑾先生辞世周年纪念》文集，发现与我有同样感受和认识的学长，比比皆是。南师真是大家心中那个永远不老的“老顽童”啊。

中国的南怀瑾

南师老家在浙江乐清，他出生于书香门第，自幼受传统文化熏陶。少小离家，习武尚文，从军入教，进川入藏，移居台湾36年，又游历欧美，旅居香港，最后回到大陆，定居太湖。辗转多地，一生传奇，南师以95年的生命历程，见证了中华近百年的沧桑巨变。他说过：这辈子走过的地方太多了，有感情的地方也多，看过的、经历的人和事更多。

大陆国学热的兴起与南师密不可分，他深入浅出地融通讲述文化，吸引了不同年龄、不同程度的人。随着南师声名日隆，拜访求见的人越来越多，颇有把他当成“熊猫”来看的味道了。

也有南师出生、旅居的地方党政官员前来，希望能把南师请回当地去，其中，最积极的当数浙江各级政府的官员，上至省委主要领导、分管领导，下到乐清当地的父母官，或直接、或婉转地表达了这层意思，南师却并不明言。

南师在大学堂倾注了大量的心血和精力，有一个可以自主使用的固定场所，形成了相对稳定的教学局面，我不相信也不愿看到南师丢下这里，再去从头辛苦……但在各路大小“诸侯”面前，我这个七都镇的地方小官可谓人微言轻。留不留得住南师，我的压力巨大。终于有一天，我忍不住向南师表达了这份担忧。南师见我着急，终于说出了自己的想法，他说：

“我是来‘挂单’的。……我既不是浙江的，也不是吴江的，我是中国的南怀瑾。”

这是南师的心怀与气象，相形之下，我们实在是太小家子气了。

南南北赵

佛教界有“南南北赵”之说，“南”是南师，“赵”是指原中国佛教协会会长赵朴初先生。早期大陆人民知道南师，也与赵朴初先生颇有渊源。据南师回忆，他与朴老在年轻时就彼此相熟，后来在南师旅居香港期间，朴老还两次亲往，其中一个重要目的，就是动员南师北归，担当教化众生、弘扬佛法和传统文化的重任。

朴老与七都也有着不解之缘，庙港镇（后与七都镇合并）在 1993 年得到过朴老“太湖禅林”的题字。据说朴老并未到过庙港，但有感于这个地方独特的地名，也了解这一带的文化底蕴，遂欣然提笔。

这样一幅墨宝，在政府的档案库里躺了整整17年。2010年下半年，我在筹划庙港的环境建设时，根据庙港的特色，以及南师与太湖大学堂的特殊地位，有意在通往大学堂的道路分岔口新建一个中式牌楼，是一道文化景观，也可用于识别道路，与大学堂呼应，营造出曲径通幽的纵深感。

牌楼上刻什么字呢？南师题字当然是最好的，但万一南师拒绝乃至反对建造呢？我有些心虚。除上述正面的理由，我还有个自私的想法：这个大标识一摆，可以省却我们给外来访客带路到大学堂的不少麻烦。但这种装饰的东西，南师未必乐见，还是等建成了再汇报，那样他也只能默许了……

正发愁题字内容时，办公室同事提醒说有朴老的一幅字，于是赶紧找出来。看到朴老雄劲有力的书法，众人眼前一亮：就是它了。

牌楼建成，我向南师汇报，他老人家却早知道了。他听了朴老题字的由来，并无反对之意，还说了不少他与朴老交集的故事。末了，南师善意地提醒说，这样佛学色彩很浓的四个字会不会影响到我。我说这是我们七都庙港的文化名片，是好事，不会有问题的。没被南师批评，我心中的一块石头也终于落了地。从此，太湖七都又多了一道独特的文化风景。

事情至此，算是圆满，但我却不甘心。因为朴老题字的匾额在南，南师的大学堂在北，与“南南北赵”之说正好相反。我还

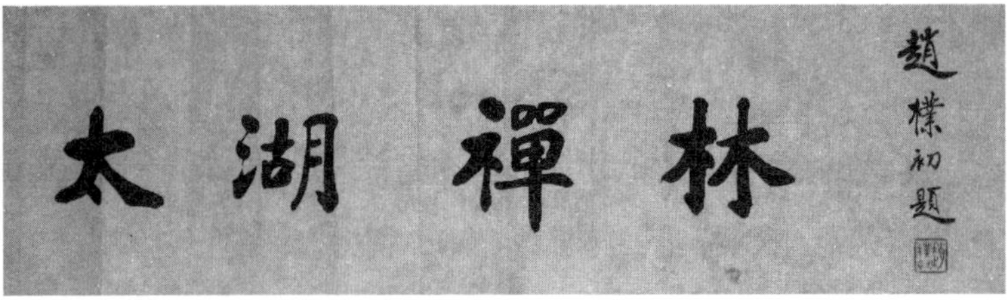

赵朴初先生题字“太湖禅林”

是想讨请南师题一幅字，安置在朴老题字之南。

请南师的墨宝，一定要有正当理由。2011 年秋天，机会出现了。

那年，七都镇与水利部太湖局苏州局联合申报的浦江源水利风景区，顺利通过了国家水利部的专家评审，即将获颁“国家水利风景区”称号。我去大学堂汇报，南师问明了原因、用途之后，答应说：

“保护生态，保护水源，这是利国利民的好事，这个字我帮你写。你给我几天时间，我写好了交给你。”

我又高兴又难为情，南师因为眼睛有恙，挺长时间没题字了。

只过了一周左右，南师的字写好并派人送来了。“太湖浦江源国家水利风景区”12 个字，用了 12 张裁切成六寸见方的宣纸分别写成，听同学讲，南师是凭感觉“盲写”的，我的激动和感动难以言表。我们把南师的题字铭牌，竖立在朴老题字牌楼的南侧，使“南南北赵”有了一个物理上的表法。

我知南师不会收润笔之资，就把自己保存的两盒宣纸奉上，也是期待南师眼睛好起来，让我们见到他更多墨宝。这份谢礼，

南师题字“太湖浦江源国家水利风景区”与赵朴初先生题字遥相呼应

南师笑着收下了，还不忘“夸奖”我说：

“你会做生意哟，还想多赚我几幅字呀。”

果然，我们后来又得到了南师的照拂，除了“老太庙”、“吴泰伯”的题字，还有南师让人专门整理的有关老太庙的楹联、典故，着实让我喜出望外。

只买票　不入场

南师在海峡两岸、国共两党间的地位特别、作用特殊，这也是他能够担当“两岸和谈”秘密信使，成为“九二共识”重要推手的原因所在。但拿南师的话说，他在两岸间，对国共两党，始终秉持一个立场：“只买票，不入场。”这种既超然独立，又不置身事外的政治智慧，让我们大开眼界。

在南师的饭桌边，常有两岸四地的各路精英、各界友人，团坐相谈甚欢。

2011 年的“五一”假期，大学堂餐厅里高朋满座，有南师的常随学生，还有两岸国共两党的在职官员，我这个共产党的乡镇书记也在其中。谈话畅叙，由文化聊及其他各个方面，南师还让大家各自讲讲对大陆正在实施的“房地产调控政策”的理解和看法……在南师这里，两岸的官方人物放下政治身份和立场，彼此坦诚布公，学习互鉴。

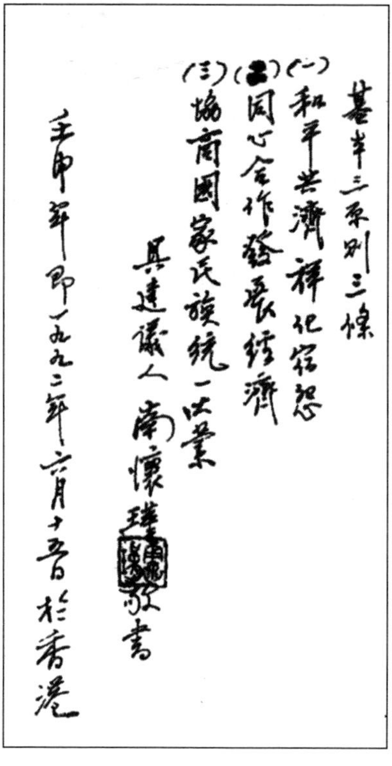
基本三原則三條
(一)和平共濟 祥化宿怨
(二)同心合作 發展經濟
(三)協商國家民族統一大業
建議人 南懷瑾 敬書
壬申年 即一九九二年 六月十五日 於香港

南师于九二国共会谈期间手书“三原则”建议

南师评蒋介石

自 1949 年初赴台，至 1985 年离台赴美，南师在台湾居留的时间长达 36 年。作为曾经的中央陆军军官学校（内迁大西南时期）的政治教官，南师即便坚守远离政治中心的准则，却难免与蒋家父子的圈子发生交集。这也是促成南师远走欧美的导火索。

从南师的言谈中听得出，他对蒋介石先生始终抱着尊重的态度，言必称“蒋公”或“老先生”，毕竟他们有“同事”、“同乡”的渊源。更主要，南师认为蒋公对中华传统文化在台湾的复兴和发展是有贡献的。

南师回忆：他在台湾几所大学讲学期间，经常受邀到国民党陆海空三军军校，给学生士官们上传统文化课。一次他去某军营上课，山腰半道上，有很多荷枪实弹站岗的士兵，三步一岗、五步一哨，戒备森严。这个“待遇”是他先前没有遇到过的。上了讲台，又发现台面上多了一支话筒，线头拉向讲堂隔壁的一个独立房间，联想到沿途所见，南师意识到，今天老蒋先生也来听课了。

当时在台湾岛内，听南师讲诸子百家的中华传统文化，已俨然成为“根在大陆”的国民党政军各界要人的习惯和依赖，聚集在南师身边的“将星”数量越来越多，终于惊动了老蒋先生。那天，南师特别严重地强调了中华文化的兴亡，与中华民族命脉的关联，以及国家兴亡的重大意义。

没过多久，传来一个重磅新闻：蒋介石先生在岛内成立了“中华文化复兴运动推行委员会”（后改名“中华文化复兴运动总会”），蒋亲任会长。这个决定与他听了南师那堂并未谋面的课有多少关系，并不是南师关注的。蒋公此举，对于中华传统文化在岛内的扎根与发展，实乃一大功德。

1975年4月5日，时值清明，蒋公逝世。南师深夜接到国民党“中央党部”的电话，那头告知：蒋先生走了，治丧委员会刚刚成立，正布置第二天供各方吊唁的灵堂，希望南先生撰写一副挽联，能够总结评价蒋先生的生平功过。

于公于私，南师都无法拒绝这个“政治任务”，遂答应下来，并于第二天一早送了过去。南师说：能够决定指派这个任务给他的，只有一个人，那就是小蒋（蒋经国）先生。

南师给蒋介石先生的挽联是：

勋业起南天　北伐功成三尺剑

神灵护中土　东方感德一完人

在大学堂的餐桌上，南师这样解释：不管怎样，蒋公在推进北伐、完成国家统一（哪怕是形式）上，功不可没，这也是他一生最辉煌的业绩。至于“东方感德”，则有双重含义：其一，明指位于东方的中国；其二，暗指中国东方近邻的日本，也应该感恩蒋公。作为“二战”战胜国的国家元首，是蒋公拍板，放弃了对日本战败国、侵略国的赔偿诉求，以体现我仁义之邦、以德抱怨。

南师认为，蒋公的离世，未尝不是一种解脱。当时共产党领导的中华人民共和国，已在联合国拥有合法席位，这对于始终坚持“中华民国”才是“正统”的蒋公而言，无疑是一大打击。南师说，他当时脑子里还有另外一副挽联：

留得残山剩水　最难料理

际此狂风暴雨　正好收场

对于蒋介石与毛泽东的关系，南师有自己独到的见解：二人既是对手，也是知音。蒋公去世一年多，毛泽东也去世了。要知道，失去了对手和知音的人，精神心理上会无比孤独。

南师由此又谈到他眼中的中国现代历史上的“三个半人”：

孙中山先生有理想、有抱负，是个了不起的人，但没有当政就离世，只能算作半个人物。

另外三个：袁世凯是一位，他有很好的机会，但没有把握住。他如果不当皇帝，向民主自由这条路发展，中华民族就不是现在这个样子了。果真如此，袁就有机会成为像华盛顿一样伟大的人物。

第二位是蒋公。抗战胜利后，他的声望在中国和全世界也都到了顶点。如果不闹国共分裂，他也不会退守台湾。

第三位是毛泽东，他统一中国，成立了中华人民共和国。朝鲜战争，使毛泽东的威望达到了顶点。中国近代一百多年，只有被外国人侵略欺侮的记录，抗美援朝把美国打了个求和，确实了不起。但遗憾的是，他晚年发动了“文化大革命”，致使社会的发展整整耽搁了十年之久。

资助“潜伏”者

2011 年前后，电视里正热播谍战剧《潜伏》，片中的人物、情节，一时成为大家热议的话题。一日，在大学堂的餐桌上，南师也讲了他在台湾的一段特殊经历。

20 世纪 60 年代初期，大陆正值三年“困难时期”，民众生活艰难。经常会有一些身在台湾、家在大陆的人，通过香港等各个渠道偷偷汇款或捎物到大陆，用以资助接济困境中的家人。彼时，两岸仍是“解放”与“反攻”的敌对状态。虽然这种给钱送物的行为，涉嫌“通共”、“资匪”，但国民党情治单位的人，多也睁一只眼、闭一只眼。

某日，三位在台湾当局担任参议之职的浙江同乡，到南师的台北寓所道别，说要转道香港回浙江老家去，特来辞行。彼此相熟，南师一如往常，家宴款待，临别还资助了一些盘缠路费，尽同乡之谊。时隔不久，消息传来：这三人原来是共产党的“潜伏特务”，因为事发逃回大陆了，据说，其中某人还是接受中共最高层直接领导的。

给南师报信的人也是国民党情治单位的一名高阶军官，经常听南师的课，怕南师背上“通共”、“资匪”的罪名，而这几人在离台前最后见的就是南师，所以善意提醒南师早作准备。

南师当晚接到消息，第二天一早便只身前往某情治单位，递上自己的名片，求见该单位的负责人，说自己是来“自首”的。

南师说：“我只知道他们是台湾当局的参议，是蒋先生的助手。既然连你们都不知道他们是共产党的‘潜伏特务’，我又怎么可能知道他们的真实身份。”“如果你们一定要定我个‘资匪’的罪名，那我自己送上门来了。”

情治单位的负责人正准备去找南师“问话”，不料南师主动上门、以攻为守，一时也没得发作，考虑到南师的特殊背景和在岛内的声望，就笑脸相陪、好言相抚，事情不了了之。

如果把资助“共产党”同乡当作南师无心之举，那么救巨赞法师脱险，却是南师有意的出手相助了。

1948 年初，南师在国民党大撤退前先到了台湾，当时的国民党当局大势已去，对大陆国统区的民众，采取了更加高压的统治手段。南师意外得知，家乡附近一座寺庙的方丈巨赞法师（按：新中国成立后担任首届中佛协副会长），正直善良，德慧双修，他因与中共保持着秘密往来，已经上了国民党抓捕的名单。听闻消息，南师焦急万分，先是找自己的同事故旧，托人情做工作，后又专程奔赴南京，以自己与国民党高层的特殊关系，终于使巨赞法师脱离险境。

所以南师说，你们看电视里演的是别人的故事，而他则是历史事件的经历者。真实的情况，有时远比影视演绎的更复杂、更惊心动魄。

访日的故事

1969 年 11 月，日本盖了一个徐福庙，邀请台湾地区“文化访问团”参加落成典礼。何应钦是访问团团长，他邀请南师以学者身份担任访问团顾问，这也是南师生平第一次到外国访问。

一周时间，除了参加既定的活动，还同日本学术界进行文化交流，南师做了《东西文化在时代中的趋向》的报告。11 月 11 日下午，在东京的东方文化座谈会上，南师应邀讲话，受限于口音和翻译，许多观点未能准确传递给日本。返台后，南师写了“致答日本朋友的一封公开信”，发表在 11 月 30 日台北《中央日报》的副刊上（收录在《中国文化泛言》中）。

事后，同行的团员感慨道：“这次到日本，幸亏有个南怀瑾，否则我们中国人会大丢其脸！”

原来，日本派出的参加文化座谈的人，都有很高的中国文化素养，其中还有唐诗专家，他们曾临场作诗，请台湾客人即席唱和。台湾访问团的人面面相觑，不要说会作诗的人不多，就是作诗，大概也须搜索枯肠、假以时日才能成句。眼看要丢人现眼了，南师出面应和了一首诗回应，才算解了围。

这些日本学者当中有一位木下彪，曾任天皇宫廷文官，是个汉学专家，更是一位唐诗大家。南师在日本时，二人一唱一和，结成诗友。

南师和木下彪，彼此言语不通，翻译又词不达意，亏得二人都精通中国古代文字，就直接借助中国古文笔谈，于是有了下面一段有趣的对话。

南师说："你们战败投降了。"

木下彪说："日本是向两个中国古人投降的，一个是'苏武'，一个是'屈原'。'苏武'者，苏联的武器也；'屈原'者，屈服于美国的原子弹。"

南师说："蒋委员长对你们太大度了，没有要你们赔偿，还把俘虏都送回去了。这是中国古人的道德：以德报怨。"（按：无独有偶，大陆也没有让日本赔偿。）

木下彪说："难道你不满意蒋委员长的政策？"

南师答："我是觉得太宽大了。如果换作我是领导人，不会这样做。"

木下彪说："那你意欲何为？"

南师说："很简单，你们日本人想侵占中国，从明朝开始一直到这一次大战，已经七八次了。明朝开始，你们想把日本的首都摆在宁波，韩国的汉城做陪都。假使我做领袖，你们不是想侵占中国吗？你们投降以后，我把你们所有的兵、所有的老百姓，通通接过来，分散到中国各地。然后我派苏州两三个县的人到日本去，帮你们看守日本。"

木下彪说："好在你不做中国的领袖，否则，日本从此没有了，一切完蛋了！"

战败的奋起

曾听南师回忆说：日本方面"精心"安排，很大程度是冲着何应钦来的。因为抗战胜利，何是中国战区接受日军投降的代表，日本人想借着文化交流的名义，找回点面子。

访日期间，另有一个小细节也被南师捕捉在眼里。旅程中，南师不小心散落了自己的行李，一位日本少年主动上前，帮他把散落一地的书籍捡起并送上火车。南师正要掏钱酬谢时，少年一个标准的敬礼，转身而去。

事后，南师对友人赞叹"这个民族很快就会起来"，并摇头叹息："那我们可怎么办噢！"

佛门楹联

星云法师在今日两岸之佛、俗两界，算是一呼百应的风云人物。但他在台湾初创佛光山寺时，曾历经艰难，也因此与南师产生了一段特殊的因缘。

佛光山寺地处台湾高雄，殿宇重重，廊柱众多，初建成时亟需大量楹联。1978年中秋，南师南下佛光山寺。星云法师陪同参观后，提出请南师题拟楹联。南师不便推辞，答应回去完成“作业”。据学生回忆，南师回到台北居所，当夜在与诸学子谈笑间的两三个小时里，信手拈成21副楹联（见附录四），令人称绝。

2015年9月，老太庙文化广场落成，廊柱上用何楹联也成了问题。一个偶然机缘，我看到李慈雄先生请人印制的南师《佛门楹联廿一副》，如获至宝，从中选取了部分具有普世教育意义，又适合本地、顺应当下的楹联，托请老太庙兼职住持宗性法师，求得国内数位高僧、大德书写墨宝，刻制于廊柱。南师泉下有知，会同意我们用此方便法门的。

“大家”是怎样炼成的

常有人问：像南师这样的大家、鸿儒，究竟是怎样造就的？以我对南师的点滴观察，觉得与他个人的天资秉赋，独特的人生经历，以及特定的历史时期分不开。所谓“时势造英雄”，时势同样可以成就一代大家。用朱清时院士的话说，像南师这样的大家，也许五百年才能出一个。

近现代的中国历史，外忧内患、纷繁复杂、诡谲多变，生逢乱世，既是不幸，也是大幸。南师说，在抗战时期的大西南，有时喝一个早茶的工夫，就可以在一个普通的茶馆里，同时遇到好几位当时国内顶尖的大师级人物，可方便随时请益。这样的机会，对于生长在和平时期的人来说，很难遇到，也求之难得。

从南师身上，我们看到的是一个儒生、儒商、儒将的综合体，那种睿智豁达、特立独行、洒脱不羁的魅力，实在非同寻常。这与他一生求学、问道、带兵、从教、办报、经商、授道、弘法等等独特的人生经历密不可分。

传统文化的力量

我曾与一位拜访南师的领导坦言：我们现在的好多政商界领导人，之所以喜欢那种被前呼后拥的感觉，是因为他们一旦离开了这种簇拥，便失去那种被“众星捧月”所营造出来的“高大”错觉。南师则不然，一袭穿了多年的粗布长衫、一根手杖，一个人远远走来，举手投足间自带光芒气象，无需任何外力烘托，也无法用言语形容，那种摄受力，让人肃然恭敬。这种由内而外的仁义礼智、浩然正气，就是中华优秀传统文化的正能量。

当代孔子

1985 年 7 月，南师在旧金山入境美国，在海关办入关手续时，遇到了“麻烦”：南师从台湾离开时，带了满满几大箱的中草药，以备日常所需。美国海关的边检人员不给放行，因为他们没见过这些中草药。随行的学生颇费了一番口舌，还是没用。

学生情急生智，指着远远站在一边的南师说：“这些东西是那位老先生的，他是中国当代的孔子，是你们美国国务院请来的客人。”

南师身穿长袍马褂，头戴黑色礼帽，手持一根手杖，气定神闲。美国海关人员被南师的不凡气度镇住，一时也没那么强硬了。

南师过来平静地说：“这些东西是你们没有的宝贝，你可以暂时扣着，但等我离开时，一定要还给我，我要带回自己国家的。”

海关人员一番内部商议，竟同意南师带着全部的中草药入境了。

南师聊起，颇为感慨。他说，其实镇住美国人的，不是他个人，而是他身上这身穿戴行头，因为这也代表了中国的文化精神。那个年代，正是我们国人在心理上最自卑、最崇洋的阶段，似乎穿西服、打领带才代表文明先进。殊不知一个忘本的民族，才最被自己和他人看不起。

自从听了南师的这段经历，我参加完活动，去大学堂时，总会自觉地先解掉领带，并尽量少穿西服。

服饰固然是民族文化的一种表达，核心却是中华文化内在的精神气质，这是任何服饰无法替代的。一些所谓的“儒商”，穿着中装，盘着手串，冒充文化人，门面装点得不伦不类，言谈举止和内在却是空洞庸俗，令人无语。

中医药的价值

前面说的美国海关的例子，其实还有一个重要的看点，就是南师对于中医药的重视和推崇。

在南师起居室的隔壁，有一间小小的中药房。除了自用，也提供给学生或访客。当然，南师会一再申明，自己并非执业医生，治病还是要去医院请医生看过。但以南师对传统中医药典籍的了解，一般的医理知识，他都了如指掌。他的学生中，也不乏这方面的专业人士。

一次去看南师，他见我眼布血丝、舌苔发暗，知道我又应酬多酒了。当即关照人去拿了一小瓶香港产的“六味地黄丸”给我，还交代了服法用量。南师常说，传统中医学从理论到实践，都有后继乏人的危机。因为学习中医，首先必须要学习和了解中国传统文化，而现在医学院校的学生，连繁体字都认不得几个，又如何去向“老祖宗”学习。这是让他忧心不已的事情。

他认为，中国文化的断层，导致人们对中华医药的价值和作用相当轻视，更有太多错误认识。南师之意，并非要后人简单复古、生硬模仿，时代变迁，迫切需要结合现代科学研究、推动中医药发展。

当他得知，绿谷集团研发的“四诊仪”，意在利用科技将传统中医药理论导入实践，颇为欣喜。在“四诊仪”研发遇到瓶颈时，也是南师从生命科学和中医药的精髓，指出了改进的方向。每当有领导或医药界的人来访，他一定不忘推介一番。

生日是“母难日”

南师是最不喜欢过生日的一个人。一则是怕麻烦。每年农历二月初六那天，各地的学生都会赶来祝寿。虽然人多热闹，在他看来却是麻烦，也浪费了大家的时间。他会特意躲出去，以外出来回避庆祝生日这回事。

南师不愿意过生日的根本原因，是他认为生日是“母难日”，不值得庆祝。相反，在这样的日子里，应该看望或纪念自己的母亲。因为每个人来到这世上，都是母亲的一次劫难，尤其是过去医学不发达的时候，妇女生养小孩是有生命危险的。所以，每当生日的时候，更应该加倍孝敬自己的母亲。

这就是南师，凡事都能指出事物的本末终始。

汉字的魅力

基于七都特殊的地理条件和文化优势，我们政府将发展文化旅游产业作为结构调整、转型升级的一个重要方向。在保护好环境、生态、水源的前提下，因地制宜发展特色文化、餐饮、休闲服务业。对于这个定位，南师点头认同。

为便于对外宣传推介，我们考虑设计制作一个体现七都特色的文化符号，把它运用到政府各类公共设施的识别系统中，包括道路指示、景观标识、办公用品等。

设计单位提供的20多个设计方案，我都不满意，因为它始终没有跳出用英文字母缩写变形的思路，而我坚持认为这个符号应该有中国文化特征，一目了然。受北京奥运“京”字变形的中国印的启发，我要求设计单位以此为思路调整设计，结果设计出了如今使用的“太湖七都”的符号：“太湖”是全太湖流域共有的，使用标准宋体；“七都”二字则用吴昌硕后人吴民先先生书写的石鼓文体，体现七都一带的人文历史底蕴。

代表七都镇文化标识的雕塑

我把印有七都文化符号标识的名片拿给南师看，我说，这也体现了传统文化，因为使用了汉字和中国印章的表现方法，南师看后，连连说好。

南师热爱汉字，他认为汉字是世界上最美的文字，无论是发音，还是书写、表意。认得2000个就可以看书读报；认得4000个就可以应付一般的写作，还可以组合应对不断出现的新事物、新含义。英文字母虽然只有26个，但每出现一个新事物都要新造一个词，词量越来越多，随着时间的推移，后人便很难记得前人所造的词义。而汉字的书写、篆刻，本身就是一门艺术。

可是对于现代人学习汉字的情况，南师也颇有深切的忧心。

在他看来，中华传统文化，在民国后经历了两次“腰斩”：一次是“五四”新文化运动，学习借鉴西方现代文明原本不错，但是将对于国家积贫积弱的不满，迁怒于儒家传统文化，就不对了。推广使用白话文的同时，一举打倒“孔家店”，等于把孔孟为代表的中华优秀传统文化这个“婴儿”，连同所谓文化糟粕的“洗婴水”，一股脑全倒掉，后遗症就是拦腰一刀的文化断层。

第二次则是简体字取代繁体字。这虽然方便了一部分人的学习使用，但长此以往，却是弊大于利、贻害无穷。我们老祖宗留下的传统经典都是用繁体字记载的，而现在的大陆年轻人，有多少能看明白繁体字的古文呢。有些字简体之后，原意、用途、用法都变得混淆不清。

经此“两劫”，传统文化的传承和延续几乎中断，传统汉字的魅力也不复昔日的光芒。

风水、相面之说

因为南师很早就以独到而又通俗易懂的方式讲述《易经》，便有人把南师视作“风水先生”，认为只是一些玄虚之学。更有人想方设法见南师，只为占卜前程、求吉问凶。南师对此真是无奈又难办。

对于《易经》的地位和作用，毋须赘述，南师在《易经杂说》等书籍里，都有明白无误的阐释。以我的理解，南师并不否认风水之说，只是所谓风水，随时因时、因势、因人而变。他经常会举北京故宫的例子，当初选址的时候，一定认为是风水最好的地方。但多少王朝在这里兴起，又有多少王朝在这里走向灭亡。同是一样的所在，兴也在此、败也在此。正应了“成也萧何，败也萧何”那句古话。所不同的是人，甚或是一个人的不同阶段。古人有“一德，二命，三风水”之说，排在首位的还是一个人内在的道德修养。

至于相面之说，也有很多人关注。我见过南师的一次“相面”之术。某日，南师的一位浙江远房本家，带着在国外求学的儿子来见南师。席间，南师看着小孩，对这位本家说：

“你不要给你儿子太大的压力了。”因为他看到这个小孩双眉紧蹙、低头不语，除了拘束，还看得出内心的压抑。

南师还说：“一个人的眉间距，以两指并宽为宜。”如果一个人长期压抑，必然眉头紧锁，久而久之，眉毛就打不开，就会影响身心健康。所以说，所谓相面，相的是面，依据的仍是内心。

三家店

传统文化，随历史演变，而有后人所谓儒释道三家之分，用处各有侧重，实意贯通不二。南师最为人所称道的讲解，就是关于儒释道“三家店”的表述，在《论语别裁》等书里，都有记录。

依南师的说法：佛家（释）是百货店，商品丰富，琳琅满目，每个人都可以进去转转、看看，买不买东西，按各人所需、各人自便，不必强求；道家是药店，是用来治病救人的，病不可乱治，药不可乱吃，所以要按需取药；儒家是粮店，是生活的必需品，人一日不可断粮，所以是每个人都须臾不可离开的。

这是我所听过的，对儒释道最言简意赅、通俗易懂的讲解。

做一个“搬运工”

述而不著，一直是南师治学的态度。他经常会说，读书越多，越不敢下笔，所谓落笔千钧。大家现在看到的，除了《禅海蠡测》等少数几本书是他自己的作品，更多的，是南师讲述的传统经典。当然，这个“述”，不是简单的、一般意义上的古文今译，而是结合了他自己的人生经验和治学体会在里面的。最珍贵的，是南师将各家各派的学问融会贯通，终成一家独到之言。

对于现当代一些人，把写作当成一件很随便的工作，动辄下笔万言，洋洋洒洒，却全是些空洞无物的废话。他认为，这样的书和文章，浪费了他人的宝贵时间和资源，害人误己。相信大家和我的感受一样，现在的文艺作品，产量多了，却不见或少见有质量的、能够留传后世的精品力作。南师举了清代翰林院大学士纪昀的例子，纪算得上是一代文化大家，但他真正留传后世的著作，却只有一本《阅微草堂笔记》。可见读书越多，越不敢轻易动笔。

传统典籍浩如烟海，而南师所做的，就像一个“搬运工”，把传统文化的经典要义，用现代普通人明白畅晓的方式讲解出来。他这个“搬运工”，一做就是一辈子。传统典籍浩瀚如烟海，凭南师一己之力终究有限，这或许是南师忧患千千结之叹的由来。他多么期待有更多的年轻人，能承当起传承文化的使命和重任。

史学与文学哪个更可信

据南师介绍，他读书很杂，既读经史子集，也看各类野史小说，并且是夹杂着读。他认为，这可以起到休息大脑的作用，不会觉得累。

还有一个更重要的原因，是他一直认为，古代的笔记小说，有着史家所不能及的记录作用。我们现在所看到的历史史料，因成王败寇或政权交替、帝王喜好，记载未必真实，而文学笔记小说，表面说是虚构，但人物和情节往往描述的却是史实。

就像中国人的哲学思想，不像西方那么严谨艰涩，它寄托和隐含在美好灵动的诗词歌赋和文学作品中。所以，南师认为，研究中国的历史、哲学乃至宗教、科学，都应该好好研读古代的文学。

最典型的，莫过于我们熟知的《西游记》《红楼梦》《三国演义》《水浒传》这四大名著，因为它们是普及度最高的，影响和改变了历代中国人。就像南师所说，中国历史上那么多状元、宰相，有多少能被大家记住？但孙悟空、贾宝玉、张飞、武松这样的文学人物，却是家喻户晓的。抗战时期，很多国人，其中大多数是没受过多少教育的农民，能够舍身就义、保家卫国，不是因为他们接受了多少“三民主义”或“共产主义”，影响和改变他们最多的，恰恰可能就是他读过的一篇传奇小说，或者是听过的一部评书演义。

南师把传统经典加以普及化，让大家先能够接受，进而才谈得上教育人、影响人、改变人。所以，用心听南师的课、读南师的书，会让人觉得很轻松、很愉悦，在不知不觉中，受到了熏陶。

文化是千年的事业

2015 年 9 月，各地隆重举行了纪念孔子诞辰 2566 周年的活动，遍布全球的孔子学院，成为我们国家文化“走出去”的代表。不难看出，孔子的影响，历久而弥新。一部《论语》，虽经千年而不衰。从这个意义上说，一个孔子，抵过千百个帝王将相。

做文化是做千年的事业，容不得半点马虎。可以说，在这方面，南师是当代最杰出的人物。我相信，南师的述著，是可以留传千年的。我们常听到某某企业要做“百年企业”，又或者某某商家是“百年老字号”，却很少听到说要打造“千年的企业”、“千年的老店”的。可见，与传承千年的文化事业相比，我们的一些企业家眼光还是短浅的。

当前，我们正面临实现中华民族伟大复兴的历史机遇期，而中华文化的复兴，是题中应有之义。要实现文化的复兴事业，更需要付出加倍的努力，需要更多像南师这样的有识之士，矢志一生，辛勤耕耘。

二十世纪七八十年代，南师在台湾时就预言：你们不要看大陆现在穷、经济落后，只要他们政治上不犯错、不折腾，没有大的天灾人祸或战乱，给他二三十年时间，经济一定可以起来，走到世界的最前列去。

中国的历史也已经反复证明，只要有数十年的太平日子，就可以形成一个盛世，可见经济的复兴不难。而文化一旦出现断层，再要接续，要经过多少代人不懈的努力。

学问与做人

在南师的日常讲课和对学生的教导开示中，经常会讲到做学问与做人做事的道理。他说，学问不是知识，智慧不是聪明。学问是从做人做事上来，又往做人做事上去的。做事先做人，做学问同样首先要有一个正确的做人态度。刘雨虹老师在她的一篇关于“人分四等”的博客中，形象讲述了学问与做人的关系。这里，我把它归纳引述一下：

第一等人“有学有术”，就是学问修养很高，做人做事的办法很灵活，这样的人堪称完人，难得一见；

第二等人“有学无术”，就是学问道德、个人素质很好，但做人处事却缺少方法，不够灵活，因而只能自处而不能处人，历代先贤圣人，大多是这样的人；

第三等人“不学无术”，就是既无突出的个人修养，但也不会为非作歹，各方面都一般，属于芸芸众生，这样的人是大多数的普通人；

第四等人“不学有术”，属于人品修养不够，却头脑灵活、手段很多，这样的人，一旦得势，必然为害社会，甚至祸国殃民。

这些应该也是刘老师从南师那里得来的教益，足见做人处世对于严谨治学的重要性。

受刘老师的博文启发，我突发感想，在由古至今的政府各级官吏中，又未尝不是由四类人组合而成的：

第一类是廉吏，这类官员注重洁身自好，但未必肯做事、能做事。

第二类是能吏（或者叫干吏），这类官员能做事、会做事，但也易出事。

第三类是墨吏，这类官员私欲膨胀，贪腐成性。

第四类是酷吏，这类官员热衷严刑峻法，做事未必行，整人有手段。

其实还有一类，应该属于庸吏，这类官员因循守旧、墨守成规，不求有功、但求无过。

当然，官员往往不是单一类型，更多的是混合型的，他们共同构成了官场生态的众生相：既是廉吏又是能吏，应该是上下期盼的好官，堪当“有学有术”；只是廉吏，并无做事的能力，只能算“有学无术”；现实却往往是能吏与墨吏、能吏与酷吏、墨吏与酷吏最易结合，这类人应算作是“不学有术”；而大多数碌碌无为的是庸吏，应该归入“不学无术”之流。

英雄和圣人

英雄与圣人，是中国人所崇敬和仰望的。能够在历史上流芳千古的，也往往只是这两类人。英雄与圣人，虽然都能名垂青史，但两者却有着本质的区别。到底差别在哪，少有人说得清楚，而南师的概括，最是清楚明了。

他说："英雄解救了天下，但没能解救自己；圣人解救了自己，却没能解救天下。"至于英雄为何"没能解救自己"，南师道："英雄难过美人关。"让人在莞尔一笑中，明白了许多道理。

由此，也牵涉到一个重要的话题，就是传统儒家文化所强调的"内圣外王"之道。其实就是希望能够做到英雄与圣人的结合。所谓"内圣"，就是要内修"圣人之德"，"格物、致知、诚意、正心、修身"；所谓"外王"，就是要外施"王霸之术"，"齐家、治国、平天下"，走的是英雄的路线。

事实上，能够真正做到"内圣外王"的人极少。绝大多数历史人物，也只是应了南师那两句话的概括。

专才及通才

中国传统文化的教育方式，注重通才教育，这点也是南师所看重的，他就是一个通才的代表。所谓"文武合一、古今合一、中外合一"，强调的是：一个人，首先要有健全的体魄、健全的人格，进而要有完整的、全面的知识结构，在这个基础上，再各有所长，成为各领域的专才。这样的人，可以徜徉于古今、独步于天下。

在对太湖国际实验学校学生的毕业讲话中，南师也反复强调希望孩子们“要做顶天立地的人”，对父母家人、对社会、对一切生命，要知敬畏，要懂得感恩、回报。

近代，尤其是达尔文的进化论思想传入中国以来，国人对国外自然科学突飞猛进的发展而心生敬畏，进而对老祖宗的传统教育方式，因破坏而由怀疑终至放弃，一味追随西式的专才教育方式。刚刚咿呀学语的幼童，外语替代了国文教育，传统的经典被当作“不合时宜”的“糟粕”弃之如敝屣；中学生早早被文理分科，划定了量身定做的发展方向；而大学的分类、分科则越来越细。整个教育体系，沦为一套培养单一思维模式的流水线，教师成为工具，学生成为产品。

对于这样的教育现状，南师痛心疾首。他认为，12 岁以前的小孩，正是习惯养成和记忆力最佳的年纪，没有受到太多不良习性的浸染。而成年人，他常常感慨“教育无用论”，就像一块画布，上面已经涂抹太多，再修正也难度很大，但也不能放弃。

所以他在近 90 岁高龄时，还一手创办太湖大学堂和国际实验学校，南师形象地把它们比作“一亩实验田”，意在尝试探索一条结合东西精华文化的教育路线。

书是要读的

“书是用来读的，不是看的。”在太湖大学堂，经常可以听到南师用颇为严厉的声音，告诫身边的学生甚或一些向他索书的访客。按南师的说法，所谓“书声琅琅”是有道理的。

读书发出声音，方能入心入脑，这样记忆的效果，强过看书十倍、百倍。对于好的文章作品，特别对于一些诗词歌赋类的文学作品，你只有在朗读的过程中，才能感受到那份文字的意境和美妙。并且对于不同时代的作品，还要学会用当时的官话语音去读它，效果才最理想。可惜古人很多吟诵的方法都已经渐渐失传了。

南师在讲解经典前，也会要求大家在某同学的领诵下，集体朗读一遍，再开始讲解。他自己也经常会示范吟诵的发音方法。

当然，南师所指的这个“书”，应该是经受住时间检验的、能够传承的优秀经典，而非当下充斥眼球、粗制滥造的印刷物，更非那些生编硬造、昙花一现的媚俗文字。用陈寅恪先生的话说，就是要读“老书”、读“原典（原籍经典）”。

南师的宇宙观、生命观

一个偶然的机会，在家观看央视纪录片频道播出的《宇宙的起源》系列纪录片，发现其描述的人类目前所了解和认识的宇宙起源科学知识，与南师在讲解佛学、唯识学等有关宇宙方面的知识，有异曲同工之妙。

这也印证了南师经常强调的“佛法是超科学、超宗教的”，“现代科学已经证明的，佛学都有表述；而佛学所阐释的，现代科学尚未完全证明，不能就认为是不科学或是迷信的”。

人从哪里来，人往哪里去？这些貌似简单的现象背后，其实蕴含着丰富的人生哲理和智慧。南师用他过来人的真修实证、融会贯通的百家学问和独特精辟的人生见解，用浅显生动的语言加以阐释，用心之专、用功之深，无出其右。

南师的晚年，特别注重唯识学和生命科学的研究。他所创立的太湖大学堂，也与国内外一些大学和科研机构建立了联系与合作。

这方面，受影响和启发较大的，当数原中科大校长朱清时院士，他因为自己的一篇物理学文章遇到了困扰，后受南师讲课的启发，写出了《物理学步入禅境》的论文，广获好评。同时，朱院士也领受了南师交给他的一个任务：用他所掌握的科学知识，从科学家的视角，把佛法中的超越科学的见解证明并科普化。

无论有神论者还是无神论者，尊重实证的研究态度是不会错的。

另一件憾事

南师在台湾时，创办了老古出版社，并指派自己的学生打理负责，专门从事传统文化典籍的整理出版。20 世纪 90 年代初进入大陆后，南师也有同样的一个心愿，就是要成立自己的文化出版公司，除了出版自己的著述，还要加快文化典籍收集、整理和出版工作。

虽然大陆这边的出版社很多，愿意出版南师著作的也不在少数。但他一直希望可以有一家自主的出版单位。遗憾的是，由于两岸文化出版政策的不同，直至南师辞世，他的这个愿望始终没能实现。

这不能不说是南师心中一件永远的憾事，也是我深感自责的一件事。虽然这并非我职责权限内可以解决，但作为一方“父母官”，没有能很好地帮助南师完成这一心愿，也是我的一个终身遗憾。

出世入世的教导

对于南师的精神事业、道德文章，无论是“上下五千年，纵横十万里，经纶三大教，出入百家言”的评价，还是他自己“一无所长，一无是处”的谦辞，我相信，历史自会有客观公正的评说。

我们普通人，也可以通过阅读南师的书籍、文章，观看影音资料，各有所悟。我相信，每个人，只要用心去看了、听了，都会有启迪和帮助。在这个纷繁的世界里，大师难得，大家不再。但其事业永存，精神永在。

至于我个人，感受最深的，则是他的“以出世的态度，做入世的事业”。

尹衍樑的一碗肉丝面

尹衍樑先生，台湾润泰集团总裁，“大润发”的创办人，是著名的实业家，也是追随南师多年的一名台湾学生。我与他初次相识却是南师辞世后，在太湖大学堂举办的一个纪念活动上。

2013 年 11 月初，收到尹衍樑先生从台湾捎来赠我的一本《尹教授的 10 堂课》，而我当时正准备应邀去往南京邮电大学光电学院，为应届的大学毕业生们做一个有关“青年人择业”的讲座。尹先生结合自身创业经历的这本书，正好给了我鲜活的案例。其实，关于尹先生投身实业的故事听闻已久，其中也有南师的一份教化在。

1982 年，尹衍樑从台湾大学商学研究所毕业时，正值对前途困惑迷茫的年纪，一个偶然的机会，看了南师关于讲解佛学方面的书籍，感觉茅塞顿开，萌生了出家的念头。

一次在同学的介绍下，尹登门拜见南师，求道问惑。南师了解其来意，并不直接回答，却问了句：“吃饭了没有？”尹回答“没有。”南师回头就关照厨房：

“给他下碗肉丝面过来。”

尹衍樑一头雾水：“南老师，我想吃素出家，你怎么让我吃肉丝面？”

南师以不容置疑的口吻说道：“等你吃完这碗面，我再告诉你为什么。”

盯着他把一碗肉丝面吃完，这才意味深长地对尹说道："你的任务是在家，不是出家。"

尹衍樑说：如果没有当初南老师的这碗肉丝面，也许就没有今天的尹衍樑，也不会有大润发这个民族品牌的大卖场了。可见，南师一向是劝人积极入世，而非消极避世的。只不过入世一定要有一个好的出发点、落脚点，那就是要有利国、利民、利天下的出世情怀。

类似尹衍樑的例子不在少数。斯米克的李慈雄、绿谷集团的吕松涛、海南航空的陈峰等，都在创办实业、积极入世方面，得到过南师的点拨和帮助。

1984年，李慈雄从美国的斯坦福大学得到博士学位后，先后供职于美国电报电话公司、波士顿咨询公司、世界银行等外企，却终究找不到归属感。他去征求南师（当时寓居美国）的意见，南师劝他回国创业，而且指点他应该要到大陆的上海开创事业，而非他出生的台湾。因为在南师看来，今后中国的发展大势在大陆。只有足够大的舞台，才能有足够大的事业。

南师经常会教导他的这些企业家学生：你们办一个企业，少则数百名员工，多则几万名员工，每个员工后面，都有一个家庭。解决了这些人的就业问题，就等于解决了更多人的吃饭问题。这是最大的功德。这个功德不是吃斋念佛可以实现的。

修一条人间大道

在积极入世方面，最好的代表还是南师本人。

南师是中国大陆引入外资、以股份制形式参与修建了金温铁路的第一人，虽然历经波折，却意义深远。

当时南师寓居香港，来自浙江家乡的领导多次探望他，希望他能为家乡建设作一些贡献，而南师则建议大陆应该修一条金温铁路，并表示愿意提供帮助。一般人只想到，这大概因为南师自己是浙江温州人，所以想为家乡人修一条铁路。其实更主要的原因在于，这条铁路意义特殊：它是孙中山在就任中华民国临时大总统时的《建国方略》中所提及的一条铁路，却迟迟没有建成。

然而南师似乎并不以此为意，也不愿多提及自己的作用，只希望造福一方人民。当金温铁路修成，他说："区区一条金温铁路算不了什么，我要修的是一条人间的大道。"这条大道应该就是贯穿了他一生的文化事业，也就是实践他年轻时发下的宏愿"重续中华百年文化之断层"，真称得上是一条人间的大道。

太湖水的问题

2011年仲夏时节，全球纷纷出现了旱灾、水荒，电视里天天放着各地缺水的新闻报道。一天傍晚，南师同大家一起在餐厅看电视新闻，突然说道："现在你们明白我为什么选择住到太湖边了吧。"又说："以后缺水会是个大问题。"

当我向南师报告，其实即便我们这一带，号称"水乡泽国"的江南，同样面临着水质型缺水的危机时，南师沉默了。所以，当我希望他为我们建设的太湖浦江源国家水利风景区题字时，他欣然答应。他认为保护好环境、生态、水源，这是既利当代，更造福后世子孙的大好事。

南师还鼓励学生中有经验和能力的人，积极投身到治沙、治水等工作中去，他用大禹治水等历史的经验教训告诉大家，中国人历来重视水利建设。历代王朝、政府，一项很重要的工作就是治水。

女性的教育

南师一直强调家庭教育，尤其母教的重要性。因为每个人来到世上，最早接触的是父母，最先接受的是家庭的教育，而母亲对子女的影响又是最大的。所以他认为，对女性的教育更为重要，因为这是培养下一代的前提和基础。

此外，南师也经常提及当下一个非常不好的现象，就是往往条件越优越的家庭，其子女所接受的却是越糟糕的家庭教育。好多现代家庭父母忙于事业奔波，却把子女的教育扔给了老人、佣人甚至司机。在这样的环境中成长的小孩，即使以后上再好的学校，其基础也是堪忧的。而这样的父母家长，无异于拣了芝麻、丢了西瓜。

南师的最后一堂大课，就是 2012 年“三八”节前后，在太湖大学堂七号楼大教室，为长三角一带 500 多名各界妇女所做的《女性的修养》系列讲座。

廿一世纪的不治之症

南师很早就说：人类在十九世纪的不治之症是肺结核，二十世纪的不治之症是癌症，而廿一世纪的不治之症则是精神病（精神方面的疾病）。

随着时间的推移，南师的这个预言得到越来越多的印证。物质生活的极度丰富，并没能解决人们思想精神层面的需求，文化缺失、信仰迷惘、道德下降、精神懈怠等一系列的问题越发凸显。个人精神引发的极端案例，不断见诸报道，引起整个社会一连串的诚信危机、信仰危机、道德危机。

这将是留给当代管理者和教育者的一个世纪难题，南师提出了他的预言，其实也给出了他的答案：那就是从优秀传统文化中汲取养分和精神的食粮，来填补人们日益空虚的内心世界。并且他也是这样身体力行的。结果会怎样，在于我们自己。

做可传承的事业

一天，我去向南师报告对庙港社区、大学堂周边的环境建设思路和设想，我说：不建高楼，不搞华而不实的形象工程，不做前人建、后人拆的垃圾工程，尽量恢复江南水乡的风貌特色，为老百姓营造宜居的环境。重在环境整洁、生态修复、水体保护，体现可传承、可持续、不可逆转的理念。南师肯定和认同了我的思路，他说："我如果要住高楼大厦，就不到你这里来了。"

南师经常提到"事业"的定义："举而措之天下之民，谓之事业。"他认为：事不分大小，人不分高低贵贱，只要是有益于社会，有益于人类，有益于当下或长远，都值得去做。并且一旦认定目标，就应该矢志不渝，坚持到底。

不能犯的三个错

每个人的能力有大小，机遇也不均等。你有多大的舞台，就唱多大的戏。一定要客观理性地看待自己，量力而行，有所为，有所不为。千万不能好高骛远，脱离了自己的实际能力和水平，否则只会落得"心比天高，命比纸薄"的下场了。

这是因为南师总强调，人有三个基本错误不能犯：

一是“德薄而位尊”，修养浅薄却身居高位。

二是“智小而谋大”，智能有限却谋划大事。

三是“力小而任重”，能力不足却承担大任。

历史上犯这三个错的人不在少数，结果虽事倍而功半，甚至害人误己，一事无成。

谋一域与谋全局

南师做学问的一个重要方式就是“经史合参”，过去发生的，是现在的借鉴；当下发生的，就是将来的历史。在拜访南师的众多访客中，不乏各级、各地的政府官员。从中央到地方，从两岸到欧美，各有所期，各有所得。以至于有人给南师加上了“政治顾问”的帽子。其实他所做的，只是用历史的经验观照现实，因人因事，指点迷津。对于那些求仙问道之徒，他是一笑了之。

古语云：“不谋万世者，不足谋一时；不谋全局者，不足谋一域。”南师从解释历史上中央与诸侯间所谓“分封”制的初衷和由来，强调在中国实施中央集权的必要性和重要性。

他认为，中国目前的行政管理体制是先进的、合理的，相反，如果我们盲目效仿西式、美式民主，一定会天下大乱。其中很重要的一条，中国的国家领导人都有“谋一域”的历练和经验，而“谋一域”者也不乏“谋全局”的眼光和视野。这一点决定了我们的领导人，远比“一人一票”的选举政治下产生的政客和官僚，更懂得如何治国理政、亲政爱民。

有时领导者个人能力太强，如果处理不当，容易固执、偏激，反而会影响和干扰下属能力和积极性的发挥。他举了历史上项羽、刘禅的例子，告诉我们：真实的历史上，这两人的个人才能都不简单，项羽不是草莽武夫，刘禅也非“阿斗”，但他们却因为个人能力的过分自负，不能容忍和发挥下属的作用，以至于众叛亲离，离心离德而失天下。所以，“才堪大用”与“刚愎自用”，有时只在一念之间，其结果却是天壤之别。

在南师关心的众多“谋一域”与“谋全局”的话题中，甚至也包含了诸如：GDP 考核、财政分配、分税制改革、房地产调控、信访维稳、校车安全、高速免费通行政策等，许多具体而敏感的现实问题，也是困扰我们这些基层官员最大的问题。若非亲历，很难想象，一个九十多岁的老人，依然可以做到“秀才不出门，能知天下事”。他对最新时事了解的速度和程度，令人惊叹。

他对每件事的分析，总能寻根溯源、因果分明，找到事物的内在规律和特点，并且结合他人生的经历和历史的经验，设身处地站在当政者角度考虑，体谅现实操作的难度，绝非“坐而论道”者的无病呻吟可比。

对于我们所经常强调的“执行力”问题，也是南师所看重的。他对一些学佛的同学只停留在口头上的修持颇不以为然，认为学佛和做人做事是一个道理，既然发了愿，就要注重实证、实修，方能取得实效。

桃红柳绿　勤思少言

记得 2011 年 3 月的一个晚上，他对我说：“你们太湖大堤上的垂柳很漂亮，如果能在柳树中间种上一些桃花，桃红柳绿会更漂亮。”回去后，我马上抓紧落实。大约一周之后，三百多棵桃树移栽到位，并很快开花，给原来略显单调的大堤景观增添了亮色。

当我将一组新拍的太湖大堤图片呈给他看时，老人家很开心，连连夸我办事认真、有效率，能够将他的信口一说马上去落实。我想，这可能也是南师愿意把一些事情交代我去做的原因吧。

南师还强调了“勤思少言”的重要性，因为一个人在说话的时候，大脑的供氧是不足的，他的思考必然也会因之迟钝，所谓“言多必失”应该是有科学依据的。

我知道，南师这些话与先前的短信提醒一样，也有告诫我的意思在。而我，虽然秉性难移，但却真真切切感受到了南师的这份关爱。每当我在处理事情中感到困惑不解的时候，我就会听取他的一些意见或建议，这已经成了我的一个习惯，也是我在七都工作的额外的福利。

南师的人情世故

南师是一个极重“礼”的人。即便是寻常的人情世故，他也一定入乡随俗，注重礼尚往来，绝无半点托大。每年的中秋、春节等传统节日，镇上照例会给太湖大学堂送去一些普通的节礼，以表达我们对老先生的敬意。每次，一定会收到大学堂的还礼。有时甚至会先收到大学堂的节礼，而让我们感觉被动和失礼。

他常常会用杜月笙的“三碗面”（情面、场面、脸面）的故事，来形容中国人对人情世故的看重。而这恰也是中国人的一种文化。用南师的话说，最欠不得的是人情债。我想，这大概也是他经常要躲开人群，不愿意过节庆生的一个原因吧。

平日里，南师访客众多，少不得迎来送往，这些对一位九十多岁的老人，其实是一件很累人的差事。但只要见了，南师必定抖擞精神，无丝毫怠慢之意。用他的话说，自己是在做一个“陪说话、陪吃饭、陪照相”的“三陪”老人，可怜得很。

诗书传家是盛世，礼崩乐坏是乱世。孔子正因为身处乱世，才会著《春秋》、订《礼》《乐》、说《周易》，其目的，就是为了教化人心，回归传统。

南师平时常用朱柏庐的《朱子治家格言》教育大家：“黎明即起，洒扫庭除，要内外整洁。既昏便息，关锁门户，必亲自检点。”“读书志在圣贤，为官心存君国。”注重培养良好的修身齐家的观念，是做人的根本。他是时时处处在用自己的言传身教，体现着传统文化的精髓要旨。

会花钱的本事

面对自己的企业家朋友或学生，南师常说的一句话是："会赚钱不是本事，会花钱而且钱花得有意义、有价值，才是本事。"

南师经常会以孔子的学生子贡为例，说明一个人做学问与经商挣钱的关系。子贡无疑是儒商的鼻祖，不但学问出众，更经商有术。他凭借自己一流的外交和经商才能，游走列国，左右逢源，曾一人挂多国相印。但他经商的目的，却是为了实践其老师的理想。历史上的吴越之战，始作俑者正是子贡。当时，齐国准备攻打鲁国，孔子虽然游历在外，但想到母邦即将遭遇战乱，忧心不已。子贡主动请缨，游说诸国，将战火引向了齐晋吴越，化解了一场笼罩在鲁国上空的战争阴云。

后世甚至认为，正是因为子贡有经商理财的天赋，才能够帮助孔子推广儒学，并使其名满天下、传承后世。孔子死后，也是子贡帮助选置了墓地，并为自己的老师守孝六年，非其他弟子可比。"人尽其才，物尽其用。"在子贡这里得到了完美的诠释。

对于金钱、物质，南师也是看得很淡、很淡的。用他的话说，每个人出生来到这个世上，都是握紧了拳头来的，但死的时候，都是两手松开走，什么也带不走。

他自己这样说，也是这样做的。无论是修金温铁路，还是捐款助学、设立奖学金、资助寺庙、帮贫济困，这方面的例子举不胜举。他的观点是，钱财取之于社会，用之于大众，这才是正确的财富观、义利观。

一次，浙江省宗教系统的两位领导来大学堂看望南师。席间，南师很正式地说："浙江的佛教资源很丰富，听说灵隐、普陀这样的寺庙每年都有不少的善款收入，应该要让这些钱发挥应有的作用。浙江并不全是富裕地区，浙西山区有些地方还很穷，可以用这些善款去资助那里的医疗、教育。"又说，"你们是管宗教的，应该要让佛教界向有些洋教派借鉴学习。中国老百姓是很朴实的，为什么西方的宗教进入中国时间不长，发展那么快，信众越来越多？因为人家是从办医院、办学校、倡导互帮互助着手的，老百姓觉得它是做好事、行善的，自然就信它了。而佛教有些寺庙却没有做好这方面的工作。听说有些地方的寺庙方丈，银行存款几千万……"宗教局领导介绍说，普陀寺捐款数亿元用于修建跨海大桥，也在做造福社会的功德，南师点头。

批评别人要加上自己

南师对于一些生活小常识的开示，也让人受益良多。尤其他从历史典故、人生经验出发，就更有说服力。做人的学问，是教科书上学不来的。特别对于涉世未深的年轻人，南师是抱着治病救人的态度，希望他们少走弯路，要善于从前人的经验中吸取教训，因为有些代价是付不起的。

譬如，他讲的一个如何批评人的道理，就很发人深省。平常大家习惯了“用手电筒照人”，看别人都是缺点，却常常忘了自己也有类似的毛病。即使自己没有类似的问题，要想让人减少抵触，更容易接受批评意见，一个简单的办法，就是“批评别人捎带加上自己”。也就是在说“你”或“你们”如何如何不对时，可以说成“我们”不应该怎样，或“我们”容易犯怎样的错。这样听的人不觉得刺耳，更乐于接受，回头自然会意识到你说的就是他自己身上的毛病，与别人并无多大关系。一样的意见，不一样的表达，效果却会迥然不同。

中国人是讲究尊卑有别、长幼有序的，不同的年龄、不同的身份，决定了你应该采取怎样的表达方式，才更为妥当贴切。一般来说，上对下、长对幼，可以直白一些，无须太多顾忌；下对上、幼对长，则要小心谨慎一些为好，语气、措辞都要使用得当。但越是年长的过来人，反倒不容易犯错。往往不注意的多是年轻人、处在下位的人，常常会闹笑话，甚至影响到前途命运。

如何纠正领导的错

南师也讲到一种情况，在官场或职场时常会遇到：就是当你发现自己的领导或老板犯错时，你应该以什么样的方式去纠正？

一是要看场合。千万不可在大庭广众之下（比如会场或者人多的场合），当面直陈，图一时口舌之快，让领导当众出丑，下不来台。即使你的意见正确，领导也知道自己错了，却未必会接受，效果会适得其反。而且这样做，也容易让人觉得你有好表现、出风头的嫌疑。

二是要注意方式。要换位思考，找到一个既让领导不失面子，又能愉快接受的方式，比如可以说："我有一点补充思考，不知是否成熟，请领导把关。"比如可以私下递一个条子给台上的领导，以婉转的方式给领导提个醒。

三是如果领导不接受怎么办？一般情况下，当领导的更容易相信自己的经验和判断，轻易不会做出改变。如果你的正确意见未被采纳，领导继续固执己见，一意孤行。这个时候，你千万不能自以为是，按自己认为正确的方法去执行，结果虽然避免了错误和损失，你也得不到表扬，只会得到一个阳奉阴违、不服从上级的评价。而是要按照领导既定的要求，不折不扣去执行，你只要做到不刻意、不做作，问心无愧。因为只有这样，才能让领导认识到你的意见的正确，同时，不怀疑你的职业操守。

当然，前提首先是要遇到胸怀宽广的好领导，否则，一切都免谈。南师以历史上汲黯和东方朔为例，因为遇到了汉武帝这样的明君、圣主，才有可能成就这两人的直臣、曲臣之名。

南师就是这样，即便娓娓道来的一些生活"小贴士"，看似细微，也处处闪现着智慧的光芒。既有出世的情怀，更有积极入世的人生人智慧。

音容宛在　师道常存

南师学贯古今中西，声名远播。其治学治世之理念之所以广为传播，是因南师真正做到了言传身教，身体力行，有教无类，诲人不倦。南师自己对俗世虚名看得很淡很轻，不在乎一时一世之评价。他生前从不愿意接受媒体对他的采访宣传，就连我们镇上做介绍七都的专题宣传片，需要一组南师的视频，也是我自己偷偷用手机录下来的。

与南师有缘“亲近”经历的人很多，或长或短，各有受益。如今南师只履西归，大家应该做什么有意义的事，如何做到，是最重要的命题，有待我们自己交上答卷。

无门无派无弟子

俗语说“人怕出名猪怕壮”。由于南师的名声远播，经常会听到有以南师“入室弟子”“接棒人”“衣钵传人”自居、自诩的人，在外面开堂授课甚至开宗收徒，更有人假借、冒用南师之名，或盗版南师的著作，骗取名利钱财。

这样的事情多了，自然也会传到南师耳朵里。有时去大学堂，偶尔也会听到南师身边工作人员向南师汇报“打假”的有关情况，但往往是打不胜打，防不胜防。由此，也更印证了南师经常说的“文化断层”的危害后果。

对于文字上的盗版、盗印，南师看重的倒不是经济上的损失，而是怕误人子弟，在他看来，文字工作是一项很严谨的工作，容不得半点马虎、偷懒，有时一字之差，意义完全不同，说“差之毫厘，谬之千里”，一点不为过。留传后世，贻害无穷，这才是他所担心和害怕的。

也正因此，他对出版自己书籍的出版社的选择、对文稿的校对，乃至对责任编辑的选择，都是极重视的。对于暂时没把握或者认为时机不成熟的书，他宁肯压着不出。

对于那些欺世盗名之徒，南师同样是出于文化的考虑，他是怕这些人害人误己。对此，除了对个别的极恶劣之徒，采取必要的法律行动之外，南师是用独特的方式，表明自己的态度，即公开宣布自己“无门无派无弟子”。所以，凡自称是他“弟子”“接班人”等等的人，都是“冒牌货”。由此，也看得出，南师对这件事的态度是极严肃、认真的。

至少在他身边的学生们看来：一则说明，南师认为历代圣贤自己并未宣称建立什么门派或属于什么门派，都是后世强加或假借的，而所谓的门派之争、门户之见，于学术本身无益，相反会贻害无穷；二则也说明，南师对自己所教这些后学晚辈的失望，认为找不到合适的继承他学术衣钵的接班人。

圣人身后　鸡犬升天

当然，“无门无派无弟子”不等于是要做“孤家寡人”，南师大约也注意到了学生们的疑惑和担心，答应保留彼此间的师生称谓。所以，一般大家都称呼他“南老师”或“南先生”。

在南师眼中，“先生”“老师”“师傅”之类，原本都是神圣的称谓，可惜现在都被叫滥了，开车的、理发的、炒菜的……各行各业、不分老幼，都可以“老师”“师傅”相称。所以南师自谦，自己以一个“教书匠”身份，做一回“老师”，也算不得托大。

有一件事，或许可以看出南师在对待学生、弟子这方面的态度。

在食堂餐厅的一次课堂上，南师讲到有关孔子的著作时，说："孔子的学生都是沾了孔子的光得以留名的，你们可不要想着'鸡犬升天'呀。"的确，一部《论语》，让孔子的很多弟子得以留传后世，而他们自己到底有多少学问，留下什么著作，却少有人问津。

南师的编辑

南师的常随学生中，出家、在家的都有，年龄从二十上下到九十出头不等，可谓三教九流，各行各业的都有。这其中，小南师三岁的刘雨虹老师，是极独特的一位，她与南师半个多世纪的交情，堪称"亦师亦友"、"半师半友"的关系。

用她自己的话说，1970年南师邀她参加《人文世界》的编辑工作开始，追随南师做了几十年的"义工"。这份长达半个世纪的相知、相识，让我肃然起敬。

刘老师出身于书香世家，年轻时毕业于南京金陵大学，就读过延安陕北公学、鲁艺，做过记者，后服务于驻台美军任英文翻译。1965年，从朋友处听闻南师大名，1969年底第一次听南师讲解佛学概论。从此成了终身追随南师的忠实一员。

而从南师对刘老师的态度上也可以看出，他是以友道相待的。由此也让我对这位老太太心生好奇，由于交谈甚少，以至于南师在时，我对刘老师倒更多几分敬畏。

及至南师辞世，由于要落实很多纪念、传承南师的工作，时常要请教刘老师，才得以与刘老师有更多深入的接触与交往，始觉自己认识的粗浅，客观地说，最能体现南师文化精髓的一个人，非刘老师莫属。我想这大概也是南师生前放心由刘老师把关他的书稿的原因吧。

最让我感动的，是南师身后，真正认真在贯彻执行南师精神的恰恰也是刘老师。我曾经在南师辞世两周年的纪念会上说：作为南师学生，在老师走后的岁月中，做得最好的无疑是刘老师。她用自己的实际行动，默默劳作、辛勤耕耘，坚守着南师的事业，继续完成着老师的文稿校对编辑工作，《〈禅海蠡测〉语译》、《话说中庸》、《孟子》系列、《南师所讲：呼吸法门精要》、《南怀瑾讲述：太极拳与静坐》等多部南师遗著得以面世，另外，也亲自撰写了《禅门内外——南怀瑾先生侧记》《东拉西扯：说老人、说老师、说老话》，并编辑《云深不知处——南怀瑾先生辞世周年纪念》等书稿刊印付梓。

在刘老师身上，我仿佛又看到了南师的某些身影：一个不知疲倦的老人，一个使命重于生命的长者。而在南师身后，刘老师能够长住太湖之滨的七都庙港，既让我欣慰，也让我汗颜。欣慰者，我仍可以有时时请益的老师；汗颜者，我辈所做的，与刘老师相较，真正微不足道。

留下最后一课

南师的辞世，在海内外引起了广泛的关注，上至国家领导人，下到庶民百姓，大家以各种方式缅怀和纪念南师。南师以自己的辞世离场，再一次推动了国人对于传统文化的反思和学习的热情。南师的离世，也是留给我们的“最后一课”。

大师虽已远去，但他的事业仍将继续。南师给我们留下了太多的未竟之事、未解之谜，需要我们每个人用自己的方法、智慧，用心去解读、解答，书写好属于各自的人生答卷。南师生前常对身边的学生说：“你们自己不用功，只知道问老师。总有一天，我不陪你们‘玩’了。找不到我，看你们怎么办？”

文保单位与两岸交流基地

举办完南师荼毗仪式后不久，经吴江市人民政府批准，太湖大学堂被整体设立为“吴江市文物保护单位”（后变更为“苏州市文物保护单位”）。这既是对南师的恭敬和纪念，也有利于保护文物的完整性。

占地282亩的太湖大学堂，是南师生前所创的具有特殊文化价值的一个建筑群落，无论从外观到内涵，都是弥足珍贵的历史见证。

南师创设的太湖大学堂成为政府部门“文物保护单位”

太湖大学堂部分建筑

老太庙文化广场作为“江苏省对台交流基地”

2015 年 9 月，南师逝世三周年之际，也是老太庙文化广场落成之日，江苏省台办授予了七都（庙港）“对台交流基地”的称号，这其中也包含了对南师在两岸文化交流中所作贡献的高度肯定。

老太庙文化广场落成

前面说过，重修老太庙的起因，始于当地政府欠南师的 18 亩土地，但修庙毕竟与政府的功能不符，故而，我向南师提出，以老太庙文化广场的名义，既体现寺庙的定位，又突出了服务当地民生的主体功能。且用于修庙部分的费用，主要由社会捐助筹资，政府主要负责其他配套文化功能设施建设。对此，南师给予

建设中的老太庙文化广场

了首肯。且强调：这个文化广场建成后，就是要服务于太湖流域周边百姓，教化民智，敦化民风。

从 2012 年 9 月上旬破土动工，至 2015 年 9 月底正式落成，整个文化广场的建设分三期，历时三载，恰与南师的三周年忌辰同步。

从此，七都庙港周边百姓多了一个活动休憩的文化广场，也平添了一道粉墙黛瓦、绿树掩映的苏式风景，成了整个“南太湖文化产业集聚区”的重要组成部分。这其中，还增加了由绿谷集团捐资建设的“太湖大讲堂”和七都政府与南京大学共同建设的“群学书院”，前者作为“太湖国学讲坛”的永久举办地，后者主要是社会学的一个研究和实践、讲学基地。

在老太庙东首的“怀轩”，则是由地方政府平台发起成立的“南怀瑾学术研究会”入驻使用，旨在团结凝聚一批有志于南师事业传承的学友，着手开展纪念、研究南师学术文化的相关工作。

设于怀轩的“南怀瑾学术研究会”

落成后的老太庙文化广场一隅

太湖国学讲坛永久举办地——太湖大讲堂

太湖国学讲坛

举办“太湖国学讲坛”，是南师健在时我就有的一个想法。客观地说，我当初是有功利的思考在里面的，因为有南师这块“金字招牌”在，正好又是“国学热”，觉得如果南师愿意替我们扛这面旗，一定是可以做出特色，打出品牌影响的。我也曾通过南师身边人，婉转提出过类似的想法，但得到的答复是：南师不愿意被当作论坛的招牌使用。我的念头就此作罢了。

南师辞世后，方方面面都在举行纪念南师的活动，作为南师最后定居和辞世之地的七都，自然也不能例外，才又一次激发了我举办“太湖国学讲坛”的想法。以一个可持续的文化活动的形式来开展纪念南师的活动，可能更有意义和价值。且南师未竟的事业，也需要各自传承，那么作为与南师有着特殊渊源的地方，更应该做一些有意义的事情。我的这个想法很快得到了南师学生、子女等方方面面的理解和支持。于是有了此后三年连续举办的“太湖国学讲坛”。

在每一年讲坛主题的选定上，我们也注重听取了各方的意见和建议。比如，2013 年 9 月的首届“太湖国学讲坛”我们侧重纪念南师逝世周年，更多带有缅怀和追思的成分在里面，活动的主题选自一副对联：“佛为心、道为骨、儒为表，大度看世界；技

首届太湖国学讲坛“大度看世界，从容过生活”

第二届太湖国学讲坛“孝为先”

第三届太湖国学讲坛“信为本”

在手、能在身、思在脑，从容过生活”，选取其中的“大度看世界，从容过生活”作为主题。

第二年、第三年“太湖国学讲坛”的主题，则分别对应了“孝为先”“信为本”，目的是每次讲坛明确一个具体的切入口，尽量避免内容的重复、交叉，努力使学者、嘉宾有话说，把道理说深说透，同时，又能与实践相结合，与地方开展的“孝贤人物”和“诚信企业、个人”相结合。

至于“太湖国学讲坛”这个名称的选定，我们也有自己的考虑，就是要区别于各种“论坛”，侧重内容为先，防止形式化、官僚化，所以是半官方、半民间性质的。并且从第四届开始，讲坛将逐步转为由第三方独立承办，变成一个独立运行的主体，以此保证它的学术性和可持续性，避免受地方政府智力支撑不够和注意力转移的影响。

我相信，我们所做的这些，也一定是南师希望看到的，因为这有利于社会正能量的传播和传递。

南公堤文化长廊

西湖有“苏堤”“白堤”，苏州有李公堤，太湖南岸有“南公堤”。

2013 年 9 月，地方政府为纪念南师逝世一周年，将太湖南

南公堤

南公堤上的南师语录铭牌

岸七都庙港段6.8公里长的太湖大堤，命名为“南公堤”，并立碑以志纪念。我们还在大堤的步道两侧，间隔布置了数十块具有普世意义的“南师语录”铭牌，使之增加了文化的内涵和教化世人的作用。此举也得到了水利部门的支持和认可。能够使一条普通的防汛大堤与南师结缘，成为一条文化大堤，堪称美谈。

南师初来太湖，首先走的就是这段太湖大堤，当他看到杉木参天、林荫蔽日，不由得感慨：将来在这里骑一头毛驴，读书育人，岂非快事。由此，也加快了他与七都（庙港）结缘的脚步。

当然，我们更希望“南公堤”不只是一个纪念名称，而是具有活的内容的传承，真正把大堤沿岸建设成一条文化长廊，成为一个特殊的文化载体。以太湖大学堂为代表，一批文化单位慢慢在这里聚集。绿谷集团的“江村市隐”在此，刘老师、宏忍师等南师学生的“净名兰若”在此，登琨艳老师的“时习堂”在此。假以时日，我相信，南师所希望看到的传统文化的繁荣局面，将率先在太湖边的“南公堤”呈现。

“庐墓”三年

南师“视儿女为天下人，视天下人为儿女”和“公天下”的博大胸怀，传为美谈。就我个人而言，真正与南师近距离交往的岁月，虽只短短两年略余，但那份情感却始终无法释怀，每每半夜醒来，都有痛失亲人的切肤之痛。

南师生前也给了我“家人”的礼遇，让我可以享受“免通报”的优待，南师的家人和学生，也待我如亲人。所有这些，让我时时感受一份特殊的温暖。

现在，当我每次踏入太湖大学堂，那熟悉的场景依旧，先生的话尤在耳，但斯人永去，那份伤感和痛惜，每每使人神伤。

斯人已去，物是人非。此情此景，让人不舍，令人心酸。我在心里默默下了决心，要效法古人，坚守七都，为南师“庐墓”三年。

当然，作为“公家人”，工作去留由不得自己做主。也因此，

南师办公桌

太湖大学堂会议室一角

我专门向上级报告了自己的想法，既是考虑自己任内工作的延续性，也确有要在自己任内举办好南师辞世三周年纪念活动的想法在里面。庆幸的是，我的想法得到了领导的理解和认可，也满足了我的愿望。

特别值得一提的，包括南师子女、刘老师等一众南师学生，都表达了希望我可以在七都多留些日子的想法。能够得到大家的认同，在我，也许是比提拔升迁更好的肯定与回报。我想，这也可能是我与南师的因缘未尽的缘故吧。

重走南师路

举办完南师逝世两周年的纪念活动之后，我就在心里给自己默默定下一个目标：在尽可能短的时间内，沿着南师曾经的足迹，重走一遍南师路。感受大师的成长历程和博大胸怀。

2015 年 4 月 6 日，清明时节，我来到了成都文殊院，看望并拜访了宗性法师。无须我多言，宗性法师似乎已知我的来意，亲自陪同我拜谒了南师的灵骨舍利，并参观了文殊院的镇院诸宝。在方丈院的会客室内，宗性法师向我详细介绍了当年南师在川康一带的一些重要经历，特别是他出关前后、发下“重续中华文化百年断层”之宏愿的情形。虽然此前早有耳闻，但身处其间，听宗性法师娓娓道来，仍然感觉触及灵魂。

作者与宗性法师合影

南师为南普陀寺筹资捐建的禅堂

2015年10月9日，在南师辞世三周年纪念活动结束不久，我借出差之便，参访了厦门南普陀寺。此行一个重要目的，就是了解当年南师举办“南禅七日”的有关情形。幸得宏忍师推荐、联络，得到了南普陀寺方丈则悟法师的亲切会见，他向我介绍了当年妙湛法师邀请南师前来南普陀寺举办“南禅七日”的盛况，南师也由此踏上了回归故土的重要一步。实地察看当年南师讲学的禅堂，似乎一切近在眼前……

探访南师故乡

2016年7月6—7日，在台风“尼伯特”登陆前夕，我们一行数人驱车来到了南师的出生地——浙江温州乐清，看望了南师留在大陆的两个儿子——年届八旬的南宋钏和南小舜兄弟，以及其他南氏后人。

看得出，他们并未受父亲的名声所累，秉持优良的家风家教，过着质朴而充实的平静生活。对我而言，这是一次“回家”之旅，也是一次“寻根”之旅。此行满足了我多年未竟的一个心愿：就是去南师的老家走走、看看。

在南师的出生地、成长地、幼时居修的井虹禅寺，以及南氏的宗祠、家庙，我努力地从中寻找、分辨南师的踪影，感受大师诞生地的那份厚重与渊源。

作者探望南师长子南宋钏于温州家中

作者与南师次子南小舜合影于井虹禅寺

作者寻访乐清殿后村南师祖宅附近的灵狮石屏

南师曾经的足迹遍布祖国的山山水水，也曾经跨越大洋，游历海外，我虽无法一一涉足，却希望能尽可能多的感受一二，以资慰藉。

附录一

吴江各界“南怀瑾先生追思会”上的悼词

最尊敬的南老师：

此刻，站在您的遗像前，千言万语涌上心头，您的谆谆教诲言犹在耳，有太多的话想对您说，可无论怎样表达，都不足以弥补我心中永远的痛。

七月大学堂一别，说好改日再来，不料竟成永别。今天，我们在这里追思缅怀您的道德、事业，您毕生致力于弘扬中华传统文化的道德人格，身体力行倡导改进教育、教化人心的崇高风范，居功至伟。

您一生习武尚文，从军执教，贯通中西，著述等身，把深奥的道理说得简单明了，妙语自成一家，是当之无愧的儒释道大师，当代中国的精神导师。

您这样一位饱经沧桑、历经世事变迁的世纪老人，在1998年初识七都（庙港），为这里远山近水的开阔气势、独特的历史文化底蕴所吸引，2000年，您以83岁高龄，决定在这里兴办太湖大学堂，实现自己浓缩东西精华、传播国学文化的心愿。

2006年，太湖大学堂建成，您便长年定居于此，89岁开始结庐授课堪称佳话，六年来，您以九旬高龄，公开授课五十余次，受教者无数；一年365天，读书修行育人，从无懈怠。

在太湖大学堂，国学文化薪火相传。七都（庙港）则有幸成为您实践心愿之地，同时，借由您的影响，沉淀着这一方水土的历史文化，将您的文化精神实践于社会发展之中，为地方的发展带来深远的影响。

您对这一块土地上的历史文化渊源十分了解和重视。您说过，这里曾是吴文化的一个中心，佛家思想、儒家文化兴盛，对于七都在传承这些优秀文化上的作为，您也都给予了最积极的支持。

2011年，七都镇以区域内优秀文化、自然生态资源，建设太湖浦江源国家水利风景区，您闻讯十分欣喜，不仅亲笔题写景区名，而且为景区的定位出谋划策——希望能将七都（庙港）的传统文化资源进行挖掘与整理，使其在现实中得以传承与弘扬。对于今年5月以来七都镇开展的推选“七都孝贤”活动，您更给予了高度的关注和评价，认为这是传统文化在新时代中的实践与发扬，意义深远。

您“上下五千年，纵横十万里；经纶三大教，出入百家言”。而最令人起敬的，除了您广博的学问，还有您济世的理想。您说，不要把儒释道只当作学问，最要紧的是做实修的功夫。

2012年，七都镇决定恢复重建曾经的太湖文化标志之一：老太庙文化广场。在这个文化广场中，将实现吴文化、太湖文化、宗教文化融为一体，集中展示。这个广场，作为一个人文文化的载体，将启发人们效法先贤，从我做起，点亮自己，照亮别人，共同建设美好家园与社会。

而这样一个文化项目，正是在您的大力支持与推动下，才得以顺利实现的。您亲自关心指点老太庙文化广场的选址、设计，亲笔为“老太庙”题词，更捐出18亩土地用作老太庙文化广场核心区建设，又派出国际知名大建筑师登琨艳先生，为老太庙文化广场做义务的建筑设计。特别是您和太湖大学堂的同学们共襄盛举，还为广场建设捐资350万余元，其中更有您自己100万元的稿费。您曾对我说：“哪怕只有一块钱，你也可以开始动工了，我会全力支持你。”

您曾说，自己既不是浙江的，也不是吴江的，而是属于中国的。您的博大胸怀和伟大人格，非我辈所能仰止。六年来，您在七都（庙港）的日日夜夜，影响着这块土地，也影响着这块土地上的每一个人。

您的辞世，是中华民族的巨大损失，更是七都人民的永远之痛，您暂时离开了我们，而您的精神与事业永存！

您的“小老弟”查旭东

附录二

读《创业的国度》所想到的

以色列以一个弹丸小国所创造的经济奇迹，确实值得研究和分析，而这本由美国丹·塞诺（Dan Senor）和以色列索尔·辛格（Saul Singer）合著的《创业的国度——以色列经济奇迹的启示》无疑给出了很多有益的启示和答案。而我们——发展中的中国，似乎能够总结、也有很多人乐于总结的发展经验俯拾皆是。俗话说，他山之石可以攻玉，换个角度看自己，换一种思维方式或许可以得到更多有用的启发，这是我读这本书时，首先想到的。

作者开宗名义：这是一本关于创新和创业精神的书。掩卷而思，我认为：其不竭的动力来源于犹太民族独特的文化和其恶劣的生存环境，而这恰是我们中华民族可以借鉴和学习的。

其一，关于文化。当我们中国的“专家学者”一派歌功颂德，陶醉于“世界第二”的经济奇迹，似乎中华民族的伟大复兴指日可待的时候，其实我们的国家、我们的民族，已是物欲横流、人情冷漠、危机四伏，没人认真研究我们失去了什么，我们更应该重视些什么，而文化的缺失、精神的颓废、信仰的迷惘，这些恰是当下中华民族最需重视的当务之急，也是我们缺乏持久竞争力的根源所在。国学大师南怀瑾先生在谈及以色列以及犹太民族时说，即使没有以色列这个国家，只要有犹太民族在，它也永远不会灭亡的。相反，一个貌似强大的国家，如果没有属于自己的民族文化，其衰落也只是迟早的事情。反观我们的国家，伴随经济的快速发展，却是文化的匮乏、信仰的缺失、（道德）底线的丧失。这样的发展，说到底是无法走远，也是不可持续的，更是危险的。今天，我们提出要注重社会管理的创新，提炼社会主义的核心价值观，但是要避免急功近利，因为文化的回归和精神价值观的重建，不是一朝一夕的事情。更要命的是，过去我们迷信“西方的月亮也比中国的圆”，现在又期待找到一个济世良方，能包治当今社会的百病，殊不知，当我们眼睛盯着海外，盼着天上掉馅饼的时候，却忘了老祖宗留给我们的宝贵文化财富，那才是真正意义上的传家宝贝，那就是我们优秀的中华传统文化，中华民族的真正精华所在。现在我们的小孩从牙牙学语就要开始学习英文，到大学毕业却不会好好地写祖宗留给我们的方块字，更不要奢谈了解多少国学精髓。这方面，南怀瑾先生，一个世纪老人，本着“出世的态度”，做着“入世的事业”，以弘扬国学为己任，更一语中的地指出，“五四”新文化运动以来，打开了我们看世界的视窗，却也关上了我们与老祖宗对话的大门。丰富的文化宝藏，因今人那点少得可怜的文言文功底而被束之高阁，在我们以“无知无畏”的心态批判传统文化的不合时宜时，殊不知，我们所了解的传统文化真的连九牛一毛也不及。一个不尊重自己历史和传统的民族是没有希望的，从这个意义上，我们真应该向以色列这样的国家民族学习，可以亡国，却不能亡文化、亡精神。好好地从孩子们抓起，把祖宗留给我们的宝贵文化精神代代相传下去，才对得起、配得上炎黄子孙的称号。

其二，关于生存环境。以色列建国只有短短几十年，却始终处在周边充满敌意的阿拉伯世界的包围之中，与生俱来的忧患意识浸入到这个国家和民族的每一个人心里，也正是这样的忧患意识让他们有了不屈不挠、用之不竭的精神动力。此外，饱经磨难的犹太民族，对自己的国家倍加珍惜。什么叫同仇敌忾，什么叫众志成城，什么叫生于忧患、死于安乐，以色列这个国家和民族，给出了最好的回答。同样，翻开我们中华民族的近代史，就是一部凝聚着血和泪的屈辱史、灾难史，如果说灾难可以凝聚人心，那灾难过后又靠什么来凝聚人心？答案应该就是一个民族始终保持一种忧患意识，忧患可以催人奋进，而今天的中国人似乎正缺少这样的忧患意识，并且这样的忧患意识，不应只是少数精英阶层的“专利”，而应该是全民族、全体国民的一种共同意识，这方面以色列做到了，反观我们的国人呢？自私、狭隘、势利、钻营，充斥在我们社会生活的方方面面，而在国家观念、民族意识等方面，则充满了莫名其妙的优越感和急功近利的功利主义。如果一定要找到一个参照物才能警醒我们的国民，其实我们的生存环境并不乐观，且不说美国为了长久保持其霸主地位，以它的

“硬实力、软实力和巧实力”，对发展中的中国进行全面的“围剿”，即便我们的近邻们，也不愿意看到一个强大的社会主义中国近在咫尺，更何况，我们还有海峡两岸如何统一的问题没有解决。我们的内部也并不太平，地少人多、地区差异、民族矛盾、资源短缺等等，每一样都制约着我们，困扰着我们，也考验着我们的能力和智慧。所有这些，都不能指望个别英雄领袖或少数专家精英来轻易解决或化解，需要的是整个中华民族和全体国人共同保持一份长期的忧患意识，进而转化为创新、创业的不竭动力和力量源泉。

无论文化的回归还是忧患的确立，均非一朝一夕之功，也许需要几十年甚至几代人的努力，对于我们的政府、政党和社会精英们，并非无可作为，更应该担当起教化民众积极好学、知耻知礼知止，培养正确的价值观、荣辱观和敬畏心，确立时不我待、只争朝夕的危机感和忧患意识来。持之以恒，我相信，我们的民族才能真正地实现它的伟大复兴。

查旭东

附录三

在首届“七都孝贤”表彰仪式上的致辞

孝行天下，德配千古

（2012年9月4日）

尊敬的父老乡亲们：

大家好！

首先，我谨代表南怀瑾老先生和太湖大学堂全体同仁，对老太庙文化广场奠基仪式暨“七都孝贤”表彰活动，致以最诚挚的祝贺！

今天，由七都公众推举的孝道贤人们，在此集体亮相，接受七都镇党委政府代表全镇公众的隆重表彰，并且集体为老太庙文化广场奠基剪彩，这个活动非常特别，值得写入七都镇、吴江市乃至整个环太湖地区的历史。为什么这样说呢？

众所周知，百年以来，中华文化，在国际国内的风云变乱中，被破坏得七零八落，命如悬丝。时至今日，教育与文化的迷惘、道德与风气的混乱，使得各种社会问题层出不穷。可以说，我们社会中的每一个人，都深深感到切肤之痛。埋怨、无奈、迷惘、不信任、不耐烦甚至激愤的情绪，在社会中泛滥。但与此同时，希望、求索、重建美好社会的愿望，也越发强烈和急迫。

有句话说，“十年树木，百年树人”，这是讲文化教育培养合格人才的不易。而中国近百年来在文化教育方面是一片乱象，使得我们的社会要培养出合格的顶天立地的人，就更是数倍的艰难。

我们究竟从哪里入手呢？从哪里入手改善我们的社会，改善我们的国家呢？

所谓社会，是由个人组成的。每个人、每个家庭，都是社会的基本细胞。因而社会的问题，文化教育的问题，我们每一个人，每一个家庭，都有责任，而绝不仅仅是学校或政府的责任。所谓国家、政府，也是由一个个活生生的人组成的，其中的每个人，也都有其不可推卸的相应责任。

因此，大家的事，要大家来办。大家的问题，要大家来解决。每个人，都可以出一份力；每个人，都应该尽一份心。点亮自己，自然会照亮别人。如果每个人能够从我做起，从当下做起，随时随地改善自己的心态与行为，为教育自己、建设家庭、建设良好的社会国家，各自尽心尽力，那么，我们的社会与国家，将会得到迅速改善，我们今天的社会理想，就会变成明天的社会现实。如果相反，我们仅仅是抱怨、埋怨，仅仅是寄希望于他人改善、社会改善、政府改善，而不能从改善自己做起，那就如同每一支蜡烛都希望别的蜡烛点亮，却不点亮自己一样，终究还是一片昏暗。

可喜的是，七都（庙港）——这个曾经有着优秀历史文化的太湖古镇，在21世纪初的今天，又重新张扬起人文文化的正气，号召公众推举孝道贤人，并且恢复重建太湖文化的标志——老太庙文化广场，这两件事，都是在新时代继承优良传统文化的标志性大好事。

俗话说，“百善孝为先”，孝敬父母长辈，是人之所以为人，区别于禽兽的第一个标志。一个尽心尽力孝敬父母长辈的人，必定成长为一个具有深沉情怀与厚道人格的人，必定成长为一个勇于担当和承受苦难的贤德之人，必定成长为一个与人为善、诚恳待人、有礼义廉耻之人，也必定成长为一个使人受益的好公民、好同事、好朋友、好邻居。

曾子说：“自天子以至于庶人，一是皆以修身为本。”诚哉斯言！不论是家庭、学校，还是社会、国家，在广义上，最好的教育，永远是以率先垂范身教言传的潜移默化，来影响启发别人自觉改善自己，好好做人，好好做事。而以管理和传授知识为本的教育，已经舍本逐末，属于教育的外围了。

今天这八位孝道贤人，他们不是教育家，而是普通的群众，但是他们以克尽孝道的行为，自然成为社会的榜样。他们点亮了自己，也自然照亮了周围的人。今天，他们又照亮了整个七都，也必将照亮即将知道他们事迹的每一个人。在向他们致敬、为他们深深感动的同时，我们每个人是否也应扪心自问，问问自己做得怎样，问问自己是否也可以为自己、为家庭、为社会、为国家，做些什么有益的改善。

每个人的心，如同一块心田。如果不去勤奋耕耘，种上好的庄稼，而是任凭杂草丛生，那绝对不会有好的收成。每个人的人生，也是一块需要好好耕耘的田。我们的社会国家，则是需要每个人来好好耕耘的田。这块田的状态怎样、收成如何，要看我们每个人在上面种植了什么，又荒芜了什么。

如果说，孝道是亲情反哺，那么，助人为乐，就是社会中普通人与人之间的美德。今天奠基修复的老太庙，之所以曾经在古代那样的辉煌红火，不仅太湖流域的人们纷纷来参拜，而且得到苏州府、湖州府的隆重礼遇，决不仅仅因为元明两代皇帝敕封邱老太爷为侯为王，更是因为近千年以来，太湖流域的民间，都相信邱老太爷父子，一直保护着太湖人民，每当在太湖上遇到危险时，人们都会求助于他们，相信他们会及时出手，助人为乐。古话说，“聪明正直，死而为神”。人们供奉的似乎是神，但是神由人做，人们心中真正尊敬供奉的，实际是人格高尚、对社会大有贡献的人。

今天，对老太庙决不是简单的恢复，而是以“老太庙文化广场”为载体，包容进去很多了不起的人文文化，其中有吴国的祖先——圣人吴太伯的文化精神，有佛菩萨慈悲与智慧并重的文化精神，有被奉为财神的商圣范蠡的文化精神，有吴国历代贤人的文化精神，还有以邱老太爷父子助人为乐为代表的太湖文化精神。

老者考也，太者大也，经过众多考验而成就伟大人格者，才有资格称为“老太”。今日重建的“老太庙”，其中的“老太”，不仅仅是保护太湖流域人民的邱老太，更是吴国的圣人祖先吴太伯，是吴国诸位了不起的圣贤，他们代表着为世人所崇敬的伟大人格与伟大贡献。因此，他们有资格受到人们永远的尊敬与怀念，他们的人格风范与伟大功德，永远垂范世间。因此，老太庙文化广场，对于七都镇乃至整个环太湖地区的人们，乃至整个古代吴国的范围，都有着重树伟大人格榜样以教化社会的重要历史文化意义。

为此，太湖大学堂的校长——九十五岁高龄的南怀瑾老先生，不仅亲自关心指点老太庙文化广场的筹建，亲笔题写了“老太庙”的名字，而且还捐出18亩土地指标用作老太庙文化广场核心区建设，又派出国际知名大建筑师登琨艳先生，为老太庙文化广场做义务的建筑设计。此外，南怀瑾老先生和太湖大学堂的同学们，还为此捐出了共350万余元人民币。其中100万元，是南怀瑾老先生的稿费，他老人家说：这笔钱，是读书人心血换来的干净钱，虽然不多，但也希望为此地人民的福祉与文化建设，尽一份绵薄之力。

大家捐款不论多少，哪怕是一块钱、五块钱，或者出钱，或者出人，都是一份宝贵的心意和功德。我们希望这个文化广场，作为本地人文文化建设的载体之一，不断地启发影响人们，以圣贤为榜样，人人从我做起，点亮自己，照亮别人，共建美好社会与美好家园。

今天这两个活动，是本地人文文化重建与发扬光大的奠基与起点！

让我们对这里的未来，致以最美好的祝福与祝愿！

谢谢大家！

马宏达

附录四

佛门楹联廿一副

1. 人生是梦　说梦那知仍呓语

   世间多假　弄假谁能不当真

2. 色即是空　空即是色　看得破而放不下

   善有善报　恶有恶果　讲得好而做不来

3. 殿上有佛　心中有佛　佛佛道同　心心相印

   悟时非我　迷时非我　人人无我　处处圆融

4. 生老病死苦　几个修行能免得

   柴米油盐酱　多少奔波忙一生

5. 求佛法于他方来世　无奈寻牛皆觅迹

   问果报于生前死后　可怜贫子失衣珠

6. 挥手出红尘　一卷金经　若坐若卧观自在
将心向明月　两间净境　不来不去法王家

7. 佛是过来人　世味究如何　悟澈何妨常念佛
心非空有相　道情原若此　皈依还是本来心

8. 如是我闻　信受奉行　几个真能做得到
着衣持钵　洗足敷座　算来谁向此中修

9. 山深林密　水净沙明　犹是法尘非大觉
风来竹面　雁过长空　何须清净觅真如

10. 草昧洪荒　留得五岭山川　稽首星云开胜境
红尘扰攘　对此三台明月　照人甘露证禅心

11. 诸恶莫作　众善奉行　此话人人只会说
有求皆苦　无欲则刚　奈何个个尽迷途

12. 恩怨缠丝　如藤倚树　树倒藤枯留刻画
是非纷扰　若胶着色　色消胶化印空泥

13. 三世因果　六道轮回　须是真心信得过
一灵不昧　四大本空　不劳禅静假中观

14. 入此门中　清净但如初住地
饶他浪走　纷纭忽觉自回头

15. 回首依依　酒绿灯红　歌舞繁华　大梦场中谁识我
到此歇歇　风清月白　梵呗空灵　高峰顶上唤迷徒

16. 佛门是机缘　何须用德山棒　临济喝
禅门原淡泊　只有些云门饼　赵州茶

17. 竹自空心　人要实心　绿竹猗猗宣道谛
尘世无常　修行须常　红尘滚滚证禅机

18. 山长　水远　路转　林深　谁识得对境无情休问道
风吹　草动　月驶　云飞　那知是迷心逐物转凄迷

19. 在山泉水清　出山泉水清　即是如来大乘道
有所谓也错　无所谓也错　安心本分祖师禅

20. 月白风清　山还是山　水还是水　谁说禅门有别境
云行雨施　善有善报　恶有恶果　须知我佛在心田

21. 体相用　变现法报化　三界三身　权实尽从分别起
空有中　俨然你我他　六尘六识　因缘那自问心来

南怀瑾

附录五

老太庙重建碑记

三吴名区，万顷太湖领其胜。七十二峰林立于北，七十二港并流于南。浩茫间临风而立，旷古之情，释于襟怀，念天地间万事万物，无非一瞬，不朽者唯有助生民之善念耳。此老太庙所以受祀营立，其意一也。老太者邱老爷夫人也，子孙各一人，其年代里籍，志乘语焉不详。或云明万历间，邱老爷敕封“平沙侯”，进“平国王”，时名颇盛。民呼老太为“邱瘌痢”，具区溇港之间，凡有困厄危难者急呼其名，老太即能使之化险为夷。传闻神迹甚多，口碑累世不绝，崇信者遂奉邱氏阖家为神祇，以仙龛祀之，题曰“邱老太庙”。清乾隆《震泽县志》载，庙初建于元至正四年，为五都选胜。此地北枕笠泽，风物清嘉，一港一庙，民风淳朴。明清以降，“邱老太庙”岁为闾里赞飨，民意向善使然也。辛卯（2011年）秋，地方贤达聚议原址重修，以承前贤德慧。是年冬，先期筹划初定，并呈报苏州市吴江区民政局，成立

“吴江区老太庙服务中心”，斯役遂获展开。壬辰（2012年）春，“老太庙文化广场”建设计划，付苏州市吴江区七都镇第十六届人民代表大会商讨通过。时南怀瑾先生尚讲学湖畔，于重建工程，关怀备至，捐赠用地十八亩，力促玉成。设计诸事则启请台湾著名建筑师登琨艳先生，观诸蓝图，新址占地三十一亩，大旨庄严灵秀。癸巳（2013年）秋，地方礼聘中国佛教协会理事、成都文殊院方丈宗性法师为“老太庙筹建委员会主任”。同期，苏州市民族宗教事务局批准“老太庙文化广场核心区域”为固定宗教场所。至此，万事俱备，众心合一，建设事宜进图，群力相趋，具体而微。未几，则德泽殿、大雄宝殿、讲法堂及偏殿，鸠工竣事在望矣。日月继往，人事代谢，天地大德曰生，而生民之德莫大于善。由是而论，“老太庙”必能长存，因泐石碑记，以告来者。

后记

时间过得真快，转眼已是 2016 年的 8 月，南师四周年的忌辰快来到了，而我的这篇作业也终于在自己的拖拉中草草收尾了。都说慢工可以出细活，可我却越来越没有了动笔时的那份自信。

落笔之初，感觉想说的话千千万，待到落笔已无言。才发现自己的文字表达能力之不堪，词不达意，生怕交不好这份答卷，心里越发惴惴。但我始终记得刘老师那句鼓励的话："用心去写，只要能感动自己，就一定可以打动别人。"我想，至少我这样去努力了，每一个文字背后都寄托着我对南师深深的感情。这样的文字，是旁人无可替代的，也是容不得半点作假的。

2016 年春节前夕，去上海拜访南师的一位学生——曾得南师荫庇的上海东银集团的陈萍董事长，受到陈先生及其家人的热情接待，席间自然都是有关南师的话题。陈萍先生的一席话，让我印象深刻。他说："每一个亲近过南师的学生，都会感觉南师对自己是最好的。"我也生出感慨："每次大家只要谈及南师，总有说不尽的话题。"言毕，我忽然意识到，这不就是我百思不得的书名吗。以《说不尽的南怀瑾》为题，或许正可表达我对南师的那份无法言传的思念和感恩。

在举办完纪念南师辞世三周年活动之后的这些日子里，每到夜深人静，有关南师的点点滴滴，总会不自觉地冒出来，而我生怕漏掉记忆中的重要内容，第二天找不回来，索性在床头放一本便笺，以便可以随时记录，有时直接在手机"备忘录"里记录一二。一段时间下来，这样的记录、便条，竟有五六十条之多，且不断涌现在脑中，而这当然也不可能是我关于南师记忆的全部。我相信，不只是我，所有与南师有过交集的人心中，都有一个"说不尽的南怀瑾"。

虽然我努力使自己的文字尽可能地客观公正、细致详实，但由于个人视角有局限，加之准备的不充分，而全部文字又是在工作之余忙里偷闲断断续续完成的，因此难免有错漏缺憾。但若能让大家从不同角度，对南师有更深、更真切的认识，于我心亦足矣！

查旭东

2016 年 8 月 2 日

图书在版编目（CIP）数据

说不尽的南怀瑾 / 查旭东 著 . —北京：东方出版社，2016. 11
ISBN 978-7-5060-9343-9

Ⅰ. ①说…　Ⅱ. ①查…　Ⅲ. ①南怀瑾（1918-2012）—传记
Ⅳ. ① K825.46

中国版本图书馆 CIP 数据核字（2016）第 289290 号

说不尽的南怀瑾
SHUO BU JIN DE NAN HUAIJIN

作　　者：查旭东
责任编辑：王　艳　葛灿红
出　　版：东方出版社
发　　行：人民东方出版传媒有限公司
地　　址：北京市东城区东四十条 113 号
邮政编码：100007
印　　刷：龙口市新华林文化发展有限公司
版　　次：2017 年 2 月第 1 版
印　　次：2019 年 5 月第 4 次印刷
开　　本：880 毫米 ×1230 毫米　1/32
印　　张：4. 5
字　　数：80 千字
书　　号：ISBN 978-7-5060-9343-9
定　　价：22. 00 元